国家自然科学基金项目·管理科学与工程系列丛书

复杂生产环境下流程工业
生产调度优化方法

王 恺 著

本书由国家自然科学基金青年基金项目"不确定条件下基于分群策略的柔性 Flow Shop 调度问题研究"（71301124）、教育部人文社会科学一般项目"不确定环境下基于分布估计算法的调度方法研究"（13YJC630165）、教育部博士点新教师基金项目"复杂生产环境下面向节能的柔性流水车间调度研究"（20130141120071）资助出版

科学出版社

北 京

内 容 简 介

本书以复杂生产环境下的流程工业生产调度为研究背景,介绍流程工业生产过程的特点以及相关的生产调度方法。针对流程工业中常见的置换流水车间和柔性流水车间,在考虑实际生产中不确定事件的基础上,系统地讨论生产调度的建模方法和相应的数学规划模型。对于复杂生产环境下的置换流水车间调度问题和柔性流水车间调度问题,本书分别介绍基于仿真的优化方法和分群调度方法,并通过仿真算例对以上两种调度方法的有效性进行验证。

本书可作为管理科学与工程专业的研究生教材和课外读物,也可供从事生产调度研究的教师和工程技术人员参考。

图书在版编目（CIP）数据

复杂生产环境下流程工业生产调度优化方法 / 王恺著. —北京：科学出版社，2016.11

ISBN 978-7-03-050241-4

Ⅰ. ①复… Ⅱ. ①王… Ⅲ. ①工业生产–生产过程–生产调度–最优化算法 Ⅳ. ①F406.2

中国版本图书馆 CIP 数据核字（2016）第 253275 号

责任编辑：徐 倩 / 责任校对：张 红
责任印制：张 伟 / 封面设计：无极书装

科学出版社 出版

北京东黄城根北街 16 号
邮政编码：100717
http://www.sciencep.com

北京东华虎彩印刷有限公司 印刷

科学出版社发行 各地新华书店经销

*

2016 年 11 月第 一 版 开本：720×1000 1/16
2018 年 1 月第二次印刷 印张：10 3/4
字数：220 000

定价：**62.00 元**

（如有印装质量问题，我社负责调换）

作 者 简 介

　　王恺，2010 年毕业于香港大学工业及制造系统工程系，获哲学博士学位。现为武汉大学经济与管理学院副教授、硕士生导师，主要研究生产运作与供应链管理、医疗服务管理、运筹与仿真优化、智能计算等。

前　言

　　流程工业在工业生产中占有十分重要的地位，它涵盖了石油、化工、电力、冶金、制药、建材、造纸等在国民经济中占有重要经济地位的行业。进入 21 世纪以来，随着经济全球化和信息全球化步伐的日益加快，流程工业面临着更加开放和激烈的竞争环境。我国的流程工业普遍存在着能耗大、自动化水平低、信息集成度低、调度决策能力差、管理水平低、综合竞争力弱等缺陷，与发达国家相比差距很大，这使得我国的流程工业企业在国际竞争中面临着严峻的考验。

　　生产调度是流程工业企业生产管理的核心和关键技术。它围绕企业的生产经营目标，对生产活动进行有效组织和协调，及时应对生产中的各种问题，维持整个生产经营活动正常、有序、高效地运行。流程工业企业的生产一般是连续或批处理过程，具有复杂性、不确定性、非线性、多目标、多约束、多资源相互协调等特点。因此，合理、有效的生产调度将为流程工业企业带来显著的经济效益和社会效益。

　　由于调度问题的复杂性及其在流程工业生产中的重要性，流程工业生产调度研究历来为国内外学者和领域专家所关注。出于简化系统模型的需要，以往针对该调度问题的多数研究往往只考虑静态、无干扰环境下的生产调度，而实际生产环境具有复杂多变的动态特性，存在各种各样的不确定因素，如机器故障（machine breakdown）、工件加工时间不确定、紧急订单等。这些不确定因素将会导致生产调度方案无法按预定目标正常执行，最终造成生产企业的成本增加和效益下降。为了区别传统生产调度研究中所假设的静态生产环境，生产调度领域的学者和专家将不确定、动态的实际生产环境定义为复杂生产环境。不确定因素的存在极大地制约了传统优化调度理论和方法在实际生产调度中的应用，使得静态环境下的生产调度研究无法满足复杂生产环境下生产调度的需要。

　　作为流水线生产调度问题的简化模型，置换流水车间调度问题（permutation flowshop scheduling problem，PFSP）和柔性流水车间调度问题（flexible flowshop scheduling problem，FFSP）都在流程工业中有着较为广泛的应用。本书在考虑多种不确定因素的基础上，将 PFSP 和 FFSP 从严格限定的理想生产环境拓展到贴近现实的实际生产环境中，为流程工业企业制订科学的生产调度方案，对控制车间的在制品库存、缩短产品生产周期、确保产品交货期、降低生产成本均具有重大的实用价值。

PFSP 和 FFSP 已被学术界认为是较难求解的组合优化问题。如果再考虑实际生产环境中的不确定因素，这两个调度问题将变得更为复杂。近年来，关于复杂生产环境下生产调度问题的研究已经突破了最初的运筹学范畴，在管理科学、工业工程、系统工程、控制论、人工智能等领域均有学者在利用各自领域的知识尝试进行求解。因此，通过对此类生产调度问题的研究可以极大推动各种优化算法的发展和学科融合。

本书紧密围绕复杂生产环境下的 PFSP 和 FFSP，分别介绍两种较为新颖的优化调度算法，即基于遗传算法（genetic algorithm，GA）和分布估计算法（estimation of distribution algorithm，EDA）的仿真优化方法与分群调度方法。全书分为三篇，共 8 章。

第一篇为基本理论，包括第 1 章和第 2 章。第 1 章简要介绍流程工业的生产特点、调度模型、调度方法，以及流程工业中较为常见的 PFSP 和 FFSP。第 2 章介绍不确定事件的分类和描述方法，以及用于求解复杂生产环境下调度问题的三类优化调度方法，即完全反应式方法（completely reactive approach）、鲁棒式方法（robust approach）和预测-反应式方法（predictive-reactive approach）。

第二篇为基于仿真优化策略的置换流水车间调度，包括第 3 章和第 4 章。对于复杂生产环境下的 PFSP，第 3 章详细介绍了 GA 和 EDA 的仿真优化方法。该方法能够充分发挥 GA 和 EDA 各自的优势，具有较好的全局搜索和局部搜索能力，而且计算复杂度较低。为了验证该仿真优化方法的有效性，第 4 章对三类不同的 PFSP 进行了求解，包括考虑机器故障的 PFSP、考虑加工时间变动的 PFSP、考虑机器故障和加工时间变动的 PFSP。

第三篇为基于分群策略的柔性流水车间调度，包括第 5 章~第 8 章。第 5 章结合柔性流水车间（flowshop）的生产特点，详细介绍考虑单一不确定事件的分群调度方法。该调度方法能够根据生产环境中随机特性的大小动态选择预测-反应式方法或完全反应式方法生成调度方案。为了分析分群调度方法的优化性能，第 6 章使用该方法分别对考虑机器故障的 FFSP 和考虑加工时间变动的 FFSP 进行求解。第 7 章对第 6 章介绍的单一不确定事件下的分群调度方法进行扩展，用于求解考虑多种不确定事件的 FFSP。为了验证扩展后的分群调度方法的有效性，第 8 章对同时考虑机器故障和加工时间变动的 FFSP 进行求解。

本书所涉及的部分研究成果是在国家自然科学基金青年基金项目"不确定条件下基于分群策略的柔性 FlowShop 调度问题研究"（71301124）、教育部人文社会科学一般项目"不确定环境下基于分布估计算法的调度方法研究"（13YJC630165）、教育部博士点新教师基金项目"复杂生产环境下面向节能的柔性流水车间调度研究"
（20130141120071）等项目的资助下获得的。

　　本书由武汉大学经济与管理学院的王恺副教授完成。此外，武汉大学经济与
管理学院的刘祝智硕士、马文琼硕士、陈夏硕士和万昕月硕士参与了相关研究工
作。由于笔者学术水平有限，书中难免存在疏漏甚至不足之处，许多内容仍有待
进一步完善，还请读者批评指正。

王恺

2016 年 6 月

目　　录

第三篇　基于分群策略的柔性流水车间调度

第一篇

基本理论

第1章 绪　　论

1.1　流程工业的生产调度

　　流程工业在工业生产中占有十分重要的地位,它涵盖了石油、化工、电力、冶金、制药、建材、轻工、食品、造纸、采矿等在国民经济中占有重要经济地位的行业[1,2]。作为国家经济发展的重要支柱,流程工业的发展状况直接影响着国家的经济繁荣和社会稳定。流程工业企业往往根据市场的需求预测、原材料与能源的供给情况、自身的生产加工能力,利用全局性和整体性的思想,确定生产目标,制订生产计划,并以此来协调生产过程以达到企业总体最优目标[3,4]。作为连接计划和生产的关键活动,生产调度以生产作业计划为依据,结合生产流程的实际情况进行优化排产,通过合理调配物料和能源使各生产环节能紧密衔接,确保生产均衡、稳定、安全地进行,从而保证企业生产作业计划的顺利完成。

　　流程工业的生产调度目标主要包含经济指标和性能指标两大类,最终体现为成本最低或利润最大。流程工业的生产调度信息主要包括[1,2]:整个生产过程的状态数据;原材料、半成品的品种、规格、质量和数量;生产设备状况、运输车辆安排;产品销售量、库存以及市场需求变化;能源的供应和使用情况;人员的配备;等等。在满足作业优先级、设备能力、交付日期等多种生产约束的前提下,生产调度需要在生产过程中实现人员、材料、机器等资源的有效配置,以达到企业生产成本最低或产品利润最大的目标。流程工业企业在制订生产计划时,往往需要考虑多个优化目标、几千个约束条件、上万个变量,而生产过程中的这些变量可以是离散变量和连续变量。此外,流程工业生产过程还存在大量不确定因素,它们会导致实际调度方案偏离原始调度。因此流程工业的生产调度问题是多约束、多目标、随机不确定优化的问题,该类问题往往属于 NP 难(Np-hard)或者 NP 完全(Np-complete)问题,其求解规模随问题的增大呈指数增长。

　　求解生产调度问题的关键在于构建有效的生产调度模型并使用高效的优化求

解方法。在过去几十年，流程工业的生产调度问题得到了学术界和工业界的广泛关注，主要有以下两个方面的原因[5]：①日趋激烈的市场竞争使得流程工业企业提高效率和减小成本的压力越来越大，良好的生产调度方案可以为企业带来可观的经济效益；②随着对流程工业生产调度问题研究的不断深入，调度问题本身的复杂性逐渐引起了相关学者和专家的关注。

1.1.1 流程工业的生产特点

流程工业的生产过程具有复杂性、不确定性、非线性、多目标、多约束、多资源相互协调的特点，需要克服多变量、多扰动等因素的影响，因此对生产过程的控制要求较高。流程工业的核心问题是要保证企业生产的均衡、平稳，对生产计划进行分解，同时根据车间的实际生产情况，采用生产调度优化模型生成调度方案，及时指挥和组织日常生产、处理异常事件。同时由于流程工业的生产过程中往往会受到各种干扰，因此在制订生产计划和生产调度时必须充分考虑到这些干扰所带来的不确定因素[6, 7]。

流程工业主要有连续过程、半连续过程和间歇过程三种生产方式。其中，连续过程属于传统的流程工业范畴，适合于固定的大批量产品的生产。在连续过程中，生产工艺流程基本不变，物料流是连续的，前一个生产装置的产品是后续生产装置的原料。这种生产方式处理量大，单位设备的生产效率高，长期以来在整个流程工业的生产中占有较大的比例。连续过程除了具有流程工业的共同特征外，还具有以下特点[8, 9]。

（1）生产过程连续，通常以大批量、少品种的生产方式进行生产，生产过程往往伴随着大量不确定性和突发性等因素。

（2）工艺路线一般保持不变，按照相对固定的工艺路线进行生产，生产装置间物流连续，或者有复杂而有限的中间存储。

（3）强调生产过程的整体性，在全局优化过程中需要把不同装置和生产过程作为一个整体进行求解。

（4）作为一个混杂动态系统，连续过程既包括连续过程变量（如物流的连续运作），也包括离散过程变量（如生产方案的切换、调度指令的下达、随机事件的引入等）。

随着产业结构的调整、市场竞争的日趋激烈和生产技术上的突破，间歇过程近年来已逐渐成为现代流程工业的一个重要分支。与连续过程相比，间歇过程具有启停频繁、动态特性变化快、时序操作严格等特点，其固有的灵活性决定了高效的生产调度方案可以带来较好的经济效益。该生产过程具有设备投资小、生产更新快、产品批量小、品种多样化等特点，目前在制药、染料和化工等生产行业中有着广泛的应用。

间歇生产过程根据其产品生产工艺的相似程度可以分为两类——多产品（multi-product）间歇生产过程和多用途（multi-purpose）间歇生产过程。间歇过程一般具有如下生产特性[1, 2]。

（1）间歇过程的生产方式为小批量生产，能够加工和生产多种物料与产品。该生产过程灵活多变，可以根据市场需求选择生产高效益的产品。

（2）生产工艺流程可根据不同的产品生产需求随时变化。生产物流可以不连续，设备间可以通过缓冲区或库存等方式调节不同设备间生产能力的差异，因此生产流程能够并行，也可以异步进行。

（3）生产设备的功能冗余度大，一般可以实现多种物料或产品的加工，对某一产品往往有多种实现路径可供选择。

（4）与连续过程相比，间歇生产过程一般是简单的化学或物理变化，物料物性对生产设备加工运行参数的影响较小。

（5）生产设备能够频繁启停和切换，能够快速完成生产任务，生产代价小。

（6）由于生产设备功能的冗余性及设备间存在缓冲的特点，间歇生产过程具有较强的柔性。

为了进一步提高生产的灵活性，一些化工企业的生产流程同时具有间歇和连续生产装置，呈现一种半连续的生产模式。该生产模式同时具有间歇过程和连续过程的生产特点。无论采用何种生产方式，充分利用信息技术实现对生产企业的综合管理是提高流程工业企业生存能力的基础，其中如何进行高效的生产调度是亟待解决的关键问题之一。

1.1.2　流程工业的调度模型

流程工业企业的生产计划是在宏观上对生产进行调控，而生产调度则是在细节上对生产的具体操作[10]。生产调度应以生产作业计划为依据，密切围绕企业的生产经营目标，在结合企业实际生产流程和生产能力的基础上，进行优化排产，合理调配物料和能源，以保证企业生产作业计划的完成。因此，生产调度的任务是在尽可能满足各种约束条件（如交货期、工艺路线、资源情况）的前提下，安排生产系统的各组成部分进行生产，以实现生产计划的结果要求。

流程工业的生产线一般都比较复杂，近年来关于流程工业调度模型的研究引起了国内外学者和专家的广泛关注。根据相关学者和专家的研究成果，流程工业的生产调度模型可以按以下几种方式分类[11~13]。

1. 按生产过程划分

根据流程工业的生产特点，可以分为连续过程调度模型、间歇过程调度模型和半连续过程调度模型。其中，间歇过程和连续过程的生产调度模型是当前研究的热点。间歇过程调度理论已经比较成熟，但仍有一些问题尚未得到较好解决；连续过程的生产调度研究起步稍晚，相关调度理论尚不完善。

2. 按时间表达方式划分

根据时间表达方式的不同，流程工业的调度模型可以分为离散时间模型和连续时间模型两类。离散时间模型通常将调度时域划分为多个等长的时间段，而连续时间模型则是将调度时域划分为多个不等时间长的时间段。

3. 按生产环境划分

流程工业的实际生产环境（包括生产过程和市场供求）是动态变化的。按照对生产环境变化响应方式的不同可以分为静态调度和动态调度。若不考虑实际生产环境中的动态特性，则所构建调度模型的参数都是确定的，称为静态调度模型。若所构建的调度模型考虑了生产过程中的不确定因素，则模型将含有随机性、模糊性或完全不确定性的参数，这类模型统称为动态调度模型。不确定优化理论已成为研究动态调度问题的理论基础，如随机规划、模糊规划、鲁棒优化等。此外，也可以通过动态响应生产环境变化的重调度（rescheduling）来进行优化求解。

4. 按逻辑表达划分

流程工业的生产调度往往需要考虑许多逻辑关系和经验规则，根据是否结合和体现这些逻辑规则，生产调度模型可以划分为经典数学规划模型和逻辑规划模型。经典数学规划模型是一类基于经典运筹学方法的优化调度模型，主要包括线性规划、非线性规划、整数规划、混合整数规划等；已有的逻辑规划方法主要包括约束逻辑规划、混合逻辑/线性规划、广义析取规划等。

尽管流程工业的调度模型种类繁多，但是流水车间调度在流程工业中有着十分广泛的应用。流水车间调度问题是最经典的生产调度问题之一，它是许多实际流水线生产调度问题的简化模型。其中，PFSP 和 FFSP 是最为常见的两类组合优化问题，近年来吸引了众多学者的关注。

1.1.3 流程工业的调度优化方法

生产调度优化方法可分为基于模型的调度和基于规则的调度两大类。基于模型的调度方法根据所定义的调度问题构建调度优化模型，并结合一定的性能指标运用适当的调度方法进行求解。对于规模小、相对简单的调度问题来说，基于模型的调度方法往往能得到令人满意的最优解，但随着调度问题规模的增大，将难以求得最优解。基于规则的调度方法则根据事先设定的调度规则或策略来确定生产过程中的下一步操作，其特点是不必进行大量的计算就能生成调度方案。

流程工业中不合理的生产调度方案容易造成生产企业高库存、低效的资金利用和操作成本的增加，因此寻找有效的优化调度方法来改进生产调度方案，可大大提高生产效率和资源利用率,增强企业的综合竞争力。作为一个混杂动态生产系统,流程工业生产中往往同时存在连续过程、离散过程和间歇过程,这为其生产调度带来了很大的困难。针对流程工业的生产调度问题,相关学者和专家近年来提出了很多优化调度方法,主要可以分为以下四类[14~18]。

1. 最优化方法

最优化方法通过建立相应的优化模型,将调度问题转换成优化问题。Harjunkoski 和 Grossmann 提出了使用数学规划方法的分解策略求解大规模调度问题,即采用分解策略生成小的程序来求解全局优化问题[19]。Roslöf 等提出了一种基于混合整数线性规划问题(mixed integer linear problem,MILP)的新算法,并将其成功应用于造纸和制药企业的生产调度问题中[20]。类似地,Göthe-Lundgren 等也使用 MILP 方法解决了炼油厂的优化调度问题[5]。为了减少调度算法的时间复杂度,Ierapetritou 和 Floudas 提出了一种基于连续时间的 MILP 数学模型[21]。该模型能够显著减少决策变量的数量。尽管数学规划方法能够求得生产调度问题的全局最优解,但往往难以在有限时间内获得规模较大的调度问题的最优解,而且调度问题的微小变化也容易使模型失效,因此如何建立合理的数学模型是使用数学规划方法的关键所在。

2. 启发式方法

启发式(heuristic)方法大多基于启发推理规则,根据决策时刻车间的状态进行实时调度。该方法能够保证局部最优。Kudva 等使用启发式方法为具有有限中间存储的多产品批处理和半连续企业生成调度方案[22]。Wu 和 Ierapetritou 提出了一系列基于启发式的不同分解方法,并应用这些方法对大规模调度问题进行了求解[23]。Liao 和 Yu 研究了流程工业中聚丙烯的生产调度问题,利用启发式方法求得调度问题的次优解,并通过实际数据测验证了该方法的有效性[7]。

3. 随机搜索优化方法

模拟退火(simulated annealing,SA)算法、禁忌搜索(tabu search,TS)算法、GA、蚁群(ant colony optimization,ACO)算法、粒子群(particle swarm optimization,PSO)算法等随机搜索优化方法近年来已经开始广泛应用于生产调度问题的求解。李艳君和吴铁军提出了一种并行的多目标 GA,用于求解柔性流程工业的生产调度问题[9]。Raaymakers 和 Hoogeveen 利用 SA 算法对一类带有零等待中间存储策略的批处理过程进行了求解[12]。目前利用随机搜索优化方法求解调度问题已经取得了不错的效果,只是该方法的缺陷在于收敛速度慢,不易判断解的优劣。

4. 规划调度方法

规划调度方法是在生产过程中根据预设的规则和策略来决定下一步操作的优

化调度方法。由于基于规则、知识的专家系统简单实用且易于实现，因此在实际生产调度中得到了广泛应用。分派规则（dispatching rule）是一种非常典型的规划调度方法，该方法可以根据待加工工件和机器的属性确定工件加工的先后顺序。此外，还可以通过神经网络和模糊推理等方法来构建和学习用于求解调度问题的规则集，以便能够根据车间的生产状态动态选择启发规则，改善调度性能。虽然规则调度方法在流程工业中的应用相对不多，但考虑到生产环境中存在着大量难以用数学规划模型精确描述的不确定因素，因此如何将分析规则方法应用于流程工业的生产调度是一个非常值得研究的方向。

在利用各种优化调度方法求解流程工业的生产调度问题时，需要对以上这些方法的性能进行评价。评价方法主要分为两种，即理论分析和实例仿真分析。理论分析主要以数学方法作为研究手段，考察调度方法所得解的概率分布、最差情形等。实例仿真分析则是使用调度方法对实例进行求解，通过大量测试得到调度方法的优化性能指标，从而对调度方法的性能进行定量评价。实例仿真分析简便易行、实用性强，是最为常用的一类评价方法。而对于调度方法的性能评价，通常采用以下三种基本指标。

1. 优化性能指标

优化性能指标通常采用相对偏差百分比来衡量调度算法的优化性能，具体指标如下：

$$E_m = \frac{C_{\text{best}} - C^*}{C^*} \times 100 \tag{1.1}$$

其中，C_{best} 为某调度算法运行一定次数后所求得的最好解的性能指标值；C^* 则表示所求解问题的最优解的性能指标值。当最优解未知时，可以用理论界目前找到的该问题最好解的性能指标值代替。显然，E_m 的值越小，调度算法的优化性能就越好。

2. 时间性能指标

时间性能指标用来衡量调度方法求解的效率，其计算公式如下：

$$E_t = \frac{I_a \times T_0}{I_{\max}} \times 100\% \tag{1.2}$$

其中，I_a 为调度算法满足终止条件时的平均迭代次数；$I_{\max}$ 为调度算法给定的最大迭代次数；T_0 为调度算法进行一次迭代所需平均计算时间。因此，在给定 $I_{\max}$ 的情况下，E_t 的值越小，调度算法的收敛速度就越快，求解效率也就越高。

3. 鲁棒性指标

通常用调度算法的波动率作为鲁棒性指标，其计算公式如下：

$$E_r = \frac{C_{\text{average}} - C^*}{C^*} \times 100 \qquad (1.3)$$

其中，C_{average} 为调度算法运行多次后所得优化值的平均值。可知 E_r 越小，调度算法的鲁棒性就越强。

在评价调度算法性能时，通常应该结合具体问题的需要来选择评价指标。有时会综合考虑以上三种评价指标，可通过对三种评价指标赋予不同的权重来得到一个反映调度算法综合优化性能的指标，从而为调度算法的选取和性能比较提供合适的依据。

1.2 置换流水车间调度问题

流程工业中的流水车间调度问题是目前研究最为广泛的一类生产调度问题，其工件加工模式与实际问题较为接近，具有较强的工程背景，因而受到了学术界和工业界的共同关注。PFSP 是对经典的流水车间调度问题进行简化后得到的一类子问题，在流程工业中有着十分广泛的应用。PFSP 规定每台机器上各工件以相同的顺序进行加工[24]。PFSP 在制造系统、生产线组装和信息设备服务上都有着非常广泛的运用，其研究成果具有重要的实践指导价值[25]。

PFSP 一般可以描述为，n 个待加工工件在 m 台机器上依次进行加工，各工件在不同机器上的加工顺序完全相同。对 PFSP 的求解就是确定工件在机器上的加工顺序，以使某个或多个调度指标达到最优。从理论上看，PFSP 的求解目标是寻找工件的最优排列，可以用枚举法来进行求解。但是实际应用中枚举法往往是不可行的，"组合爆炸"会使枚举法求解的计算量远远超出现代计算设备的处理范围。因此，人们开始寻找实用性更强的优化调度方法。求解 PFSP 的优化调度方法可分为以下几类。

1. 精确方法

精确方法是 PFSP 的早期研究方法，主要包括数学规划法、分支定界法和拉格朗日松弛法等。数学规划法是经典的最优化方法，如线性规划、整数规划、动态规划等[26~28]，可以解决小规模的 PFSP，如 Selen 与 Hott 运用整数规划对 PFSP 进行求解[29]。分支定界法具有部分枚举的思想，求解时先对解空间进行分割，然后在分割后的子空间上进行搜索，最终完成寻优，该方法同样适用于求解较小规模的 PFSP。Lageweg 等[30]、Carlier 和 Rebaï[31]、Haouari 和 Ladhari[32]对此方法进行过深入研究。拉格朗日松弛法也是求解 PFSP 的一种重要方法，它能够在较短的时间内提供 PFSP 的次优解并进行定量评价，但该方法的搜索效率较低。

2. 启发式方法

随着计算复杂性理论的出现，规模较大的 PFSP 被证明具有 NP 完全问题。传统的精确方法已经不再适合对此类问题进行求解，因此相关学者和领域专家开始使用启发式方法求解 PFSP。启发式方法依据一定规则，逐步选择加工工件进行计算并最终得到一个 PFSP 的解。启发式方法可以求解较大规模的 PFSP，计算时间较短，但是无法保证所得解的质量。启发式方法的典型算法包括 NEH 算法、CDS 算法、Palmer 算法和 Gupata 算法等，其中 NEH 算法由 Nawaz 等[33]于 1983 年提出，应用较为广泛。

3. 基于人工智能的元启发式算法

随着计算机技术的迅速发展，近年来出现了许多高效的调度优化算法，其中基于人工智能的元启发式算法（meta-heuristic）已逐渐成为求解 PFSP 的重要方法。基于人工智能的元启发式算法也可以简称为智能优化算法，它是一类模仿某些自然现象，将物理学、生物学等学科思想引入迭代寻优过程中的优化算法，主要包括 SA 算法、TS 算法、GA、ACO 算法、PSO 算法、差分进化（differential evolution，DE）算法、EDA 等。

SA 算法是一种随机优化算法，最早由 Kirkpatrick 在 1983 年将其应用到求解组合优化问题上[34]。SA 算法认为，在物理退火过程中系统向低能量稳态的逐渐变化与组合优化中寻求最优解的过程较为类似，其基本步骤是构造出一个初始解，设置初始温度和初始状态，在温度下降过程中，以 Metropolis 策略在解空间内寻找全局最优解。理论研究表明，SA 算法能以概率 1 收敛到全局最优，同时由于对较差的解设定了接受概率，避免算法陷入局部最优。Osman 和 Potts 运用 SA 算法求解了 PFSP[35]。

TS 算法是一种全局逐步寻优算法，最早由 Glover 于 1986 年提出[36]。该算法模拟人类记忆过程，在进行局部邻域搜索时，通过设置禁忌表和禁忌准则来识别和储存算法找到的一些局部最优解，并以此阻止已进行过的操作，从而保证算法搜索的有效性。Nowicki 和 Smutnicki 提出了一种快速 TS 算法来求解 PFSP[37]。

GA 由 Holland 于 1956 年提出，它借鉴了进化论中自然选择和遗传学中个体繁殖的思想[38]。在 GA 中，由染色体（chromosome）代表优化问题的解，各染色体通过遗传算子（genetic operators），如交叉（crossover）、变异（mutation）产生后代，并按照适者生存的准则完成进化，最终得到环境适应度最高的染色体，从而求出优化问题的最优解。采用 GA 中求解 PFSP 的研究有很多，其中 Reeves[39] 和 Chen 等[40]分别将 GA 应用到 PFSP 的求解。

ACO 算法是一种基于群体智能的搜索算法，最早由 Dorigo 等[41]在 1996 年提出。该算法是对蚁群觅食行为的一种模拟。单个蚂蚁在寻找食物时会在所经历的路径上留下信息素（stigmergy），信息素能够被蚁群的其他个体所识别且其会以一定的速率挥发，某条路径上经过的蚂蚁越多，则该路径上的信息素就越多，随后的蚂蚁选择这条路径的可能性就越大。ACO 算法的基本思路就是在参考蚁群中大量个体相互协作行为模式的基础上，将优化问题的求解转化为蚂蚁寻找最短觅食路径的过程。Rajendran 和 Ziegler[42]，Ying 和 Liao[43]，王笑蓉和吴铁军[44]等均使用 ACO 算法对 PFSP 进行了研究。

PSO 算法也是一种基于群体智能的搜索算法[45]，最早由 Kennedy 和 Eberhart 于 1995 年提出。PSO 算法的优化思路起源于鸟群的觅食行为。该算法用粒子来代表待优化问题的解，通过各粒子间的合作竞争来指导搜索过程，它保留了基于种群的全局搜索策略。相比 GA，PSO 算法操作较为简单，采用的是"速度–位移"模型。Tasgetiren 等[46]和 Liu 等[47]利用 PSO 求解了 PFSP。

DE 算法属于另一种模拟生物进化过程的搜索算法[48]，最早由 Storn 和 Price 提出。与 GA 类似，DE 算法也采用交叉和变异算子，但操作相对简单，求解速度快。Onwubolu 和 Davendra 将 DE 算法运用到流水车间调度问题[49]。

EDA 是一种基于统计学习的新型进化算法，也是近些年来较为热门的智能优化算法之一。该算法由 Mühlenbein 在 1996 年首先提出。GA 的交叉、变异操作具有一定的随机性，在求解过程中往往会破坏种群中存在的一些优良模式，出现所谓的连锁问题。针对 GA 的这一缺陷，EDA 不进行遗传操作，而是采用统计学习的方法来生成下一代种群，最终完成对优化问题的求解。Jarboui 等[50]，Zhang 和 Li[51]等应用 EDA 对 PFSP 进行了求解。

1.3　柔性流水车间调度问题

FFSP 又叫混合流水车间调度问题（hybrid flowshop scheduling problem，HFSP），它是许多实际流水线生产调度问题的简化模型，在流程工业中有着十分广泛的应用。在 FFSP 中，同一道工序工件可以选择多台机器进行加工，且每台机器所需的加工时间可以不同。FFSP 更接近流程工业企业的实际车间生产情况，该问题可以描述为有 n 个工件需要加工，每个工件都需要经过 m 道工序才能完成，且每道工序都有 $N_i(N_i \geqslant 1)$ 台机器可以完成工件的加工。FFSP 通常以某个或某些指标为优化目标，需要确定工件在并行机器上的分配情况，以及同一机器上工件的加工顺序。当 $m=1$ 时，FFSP 就变成了并行机调度问题；当 $N_i=1$ 时，FFSP 则变成了 PFSP。可见并行机调度问题和 PFSP 都可以看做 FFSP 的特例。

按照约束条件的不同，FFSP 可以分为以下几类：①有有限中间存储能力的

FFSP；②有无限中间存储能力的 FFSP；③有阻塞的 FFSP；④零等待的 FFSP。在过去的几十年里，有许多学者和领域专家对 FFSP 进行过研究，并提出了很多优化调度算法用于求解 FFSP。与求解 PFSP 的调度算法类似，这些调度算法主要分为三类[52, 53]——精确方法、启发式方法以及智能优化算法。

在精确方法中，分支定界法（branch and branch，B&B）是一种求解 FFSP 最常用且有效的算法。Arthanari 和 Ramamurthy 早在 20 世纪 70 年代就提出了一种 B&B 方法来求解包含两个阶段的简单混合流水车间调度问题[54]。Santos 等[55]给出了一些 FFSP 算例的最小 makespan，供后续研究者分析其他优化算法求解此类问题的性能。Néron 等基于推理和全局运算生成调度方案[56]，大大提高了 Carlier 和 Néron[57]在 2000 年提出的另一种 B&B 算法的求解效果。

启发式方法也可用于求解 FFSP。Gupta 提出了一种非常有效的启发式方法来寻找两阶段 FFSP 的最小最晚完工时间（makespan）[58]。该调度问题第一阶段包含多台并行机，而第二阶段只有一台机器。Brah 和 Loo 运用对经典流水车间调度问题非常有效的启发式方法来求解 FFSP，优化目标为最小化 makespan 和平均流水时间[59]。Ruiz 等运用统计学方法详细分析了一些启发式方法在实际柔性流水车间调度中的求解效果，得出 NEH 算法优于其他参与比较的启发式方法[60]。Ying 和 Lin 在 2009 年提出了一种结构非常简单的规则来求解包含并行任务的 FFSP，取得了不错的优化效果[61]。

智能优化算法能够在较短的时间内得到接近于最优解的近似解，因此也是求解 FFSP 的一种有效手段。已经有多位学者通过改进最常见的 GA 来最小化柔性流水车间的 makespan。基于脊椎动物免疫系统的工作原理，Engin 和 Döyen 提出了一种适用于求解 FFSP 的人工免疫算法（artificial immune system，AIS），此算法将克隆选择规则与亲和力成熟机制相结合，取得了较好的优化效果[62]。Alaykýran 等提出了一种改进 ACO 算法，此算法在初始化阶段通过全新的策略来生成初始解，实验仿真验证了该算法的有效性[63]。Niu 等提出了一种量子免疫算法（quantum-inspired immune algorithm，QIA）用于最小化 FFSP 的 makespan[64]。Liao 等提出了一种 PSO 优化算法，此算法将 PSO 算法框架与瓶颈启发式规则相结合，深入研究调度过程中的瓶颈阶段，同时还引入了 SA 算法以跳出局部最优[65]。

1.4　本书的结构和主要内容

本书围绕复杂生产环境下流程工业的 PFSP 和 FFSP，详细介绍了两种较为新颖的优化调度算法，即基于 GA 和 EDA 的仿真优化方法与分群调度方法。

全书分为三篇，共八章。第一篇为基本理论，包括两章内容；第二篇为基于仿真优化策略的置换流水车间调度，包括两章内容；第三篇为基于分群策略的柔性流水车间调度，包括四章内容。本书结构如图 1.1 所示，各章内容简介如下。

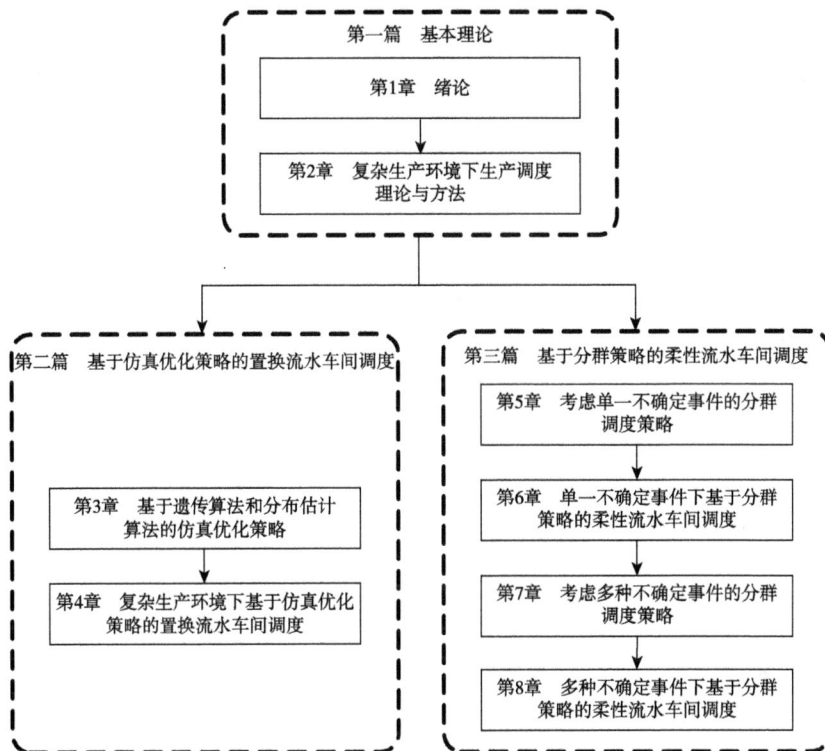

图 1.1 本书的结构

第 1 章简要介绍流程工业的生产特点、调度模型、调度方法，以及流程工业中较为常见的 PFSP 和 FFSP。

第 2 章介绍不确定事件的分类和描述方法，以及用于求解复杂生产环境下调度问题的三类优化调度方法，即完全反应式方法、鲁棒式方法和预测-反应式方法。

第 3 章详细介绍一种用于求解复杂生产环境下的 PFSP 的仿真优化方法。该方法同时采用 GA 和 EDA 生成问题的解，能够充分发挥 GA 和 EDA 各自的优势，因此具有较好的全局搜索和局部搜索能力，而且计算复杂度较低。

第 4 章为了验证基于仿真优化的混合算法的有效性，对三类不同的 PFSP 进行求解，包括考虑机器故障的 PFSP、考虑加工时间变动的 PFSP、考虑机器故障和加工时间变动的 PFSP。

第 5 章结合柔性流水车间的生产特点，详细介绍考虑单一不确定事件的分群调度方法。该调度方法能够根据生产环境中随机特性的大小动态选择预测-反应式方法或完全反应式方法生成调度方案。

第 6 章为分析分群调度方法的优化性能，使用该方法分别对考虑机器故障的 FFSP 和考虑加工时间变动的 FFSP 进行优化求解。

第 7 章对第 5 章介绍的单一不确定事件下的分群调度方法进行扩展，用于求解考虑多种不确定事件的 FFSP。

第 8 章对同时考虑机器故障和加工时间变动的 FFSP 进行求解，验证扩展后的分群调度方法的有效性。

第 2 章　复杂生产环境下生产调度理论与方法

2.1　复杂生产环境下不确定事件的分类及描述

流程工业企业的生产过程面临着复杂多变的动态生产环境，在实际的生产调度过程中存在许多扰乱生产系统正常运作的不确定事件。这些不确定性事件将影响生产系统的状态，使原有调度方案完全失去或部分失去效力，从而对系统性能造成不利影响。当不确定事件发生后，一方面，调度方案无法顺利执行，会影响企业的生产效率，对于串联结构的生产系统而言，将会严重拖延整个系统的生产进度，最终导致无法按期完成生产任务；另一方面，在调度方案执行过程中可能会出现等待时间增加、生产资源浪费、人员加班等情况，将大大增加生产成本，降低了流程工业企业的有效收益。

在已有的关于流程工业生产调度问题的研究中，仍有相当一部分研究建立在确定性生产环境的基础上，即假设所有的参数都是确定的，且调度指令下达到车间后就会按部就班地执行。这种假设与流程工业的实际生产过程存在较大的差距，因此有必要加强对生产系统中不确定事件的研究。为区别传统生产调度研究中所假设的静态生产环境，生产调度领域的学者和专家将不确定、动态的实际生产环境定义为复杂生产环境。

2.1.1　不确定事件的分类

复杂生产环境中的不确定事件是一种较为复杂的现象，其来源包括人员、设备设施、生产任务、环境以及其他各个方面。Zimmermann 将不确定性事件的来源概括为以下六种情况[66]：①信息的缺乏；②信息的复杂性；③信息的冲突；④描述的模糊性；⑤测量带来的误差；⑥信息的信度。尽管国内外学者在对不确定事件起因的认识上基本一致，但是由于使用不同的分类标准，因此在对生产过程中不确定事件的分类有多种不同的方法。

按照不确定事件的可预测性，McKay 等将不确定事件分为以下三类[67]。

·完全未知型（complete unknowns）不确定事件：这类事件是否发生，完全不可提前预知，也无法采用任何有针对性的预备措施。当其发生后，只能做出被动反应，因此在生成初始调度方案时无法提前考虑此类不确定事件。

·主观推测型（suspicions）不确定事件：在这类事件中，调度者能够基于自身的直觉和经验，对不确定事件可能发生的时间和位置、方式等做出一定的推测和猜想。由于将这种猜想量化具有相当的难度，因此也很难将这类不确定事件融入调度优化算法。

·可知型（known uncertainties）不确定事件：这类不确定事件可以事先通过统计和分析历史数据等方法获取其相关信息，因此可以在生成调度方案时考虑此类不确定事件，如机器故障就是一种非常典型的可知型不确定事件。通过对机器历史数据的分析，可以认为机器故障的间隔时间和修复时间均服从指数分布，因此可用定量的方法描述机器故障，并在生成调度方案时予以考虑。

Vieira 等[68]、Gholami 和 Zandieh[69]、Ouelhadj 和 Petrovic[70]以及国内的吴波[71]等学者从车间生产调度的角度出发，将不确定事件划分为以下两类。

·与制造资源相关（resource-related）的不确定事件：这类不确定事件由制造资源的不确定性所引起，主要包括机器故障、加工工具故障、材料缺陷（如规格不符）、人工误操作和意外缺工等。

·与代加工工件相关（job-related）的不确定事件：这类不确定事件由代加工工件的不确定性所引起，主要包括紧急订单、返工订单、订单取消、交货期提前、加工时间变动和工件加工优先级变动等。

Teixidor 根据不确定事件的层次，将其划分为三类[72]。这三类不确定事件并不是严格区分的，它们之间也不存在明确的分界线，内容还可能出现交集。

·战略层次的不确定事件：这类不确定事件会对长期计划产生影响，包括生产技术或制造工艺的变化，以及来自于竞争对手、政府规章制度等。

·策略层次的不确定事件：这类不确定事件会影响和改变中期计划，包括市场参数变化、信息流与原料流发生扰动等。

·运作层次的不确定事件：这类不确定事件会影响短期决策，包括加工时间与生产率变化、人员旷工以及设备故障等。

2.1.2　不确定事件的描述

对于 2.1.1 小节介绍的不确定性事件，常见的不确定性描述方法主要有以下四种。

·区间描述（bound form）：在实际生产调度中，某些情况下无法通过分析历史数据归纳出不确定事件的精确分布，但是基于历史资料可以得到相关参数所在区间的上限和下限，由此产生一种适应性较为广泛的不确定性描述方法，即区间描述方法。令 $\theta \in [\theta_{\min}, \theta_{\max}]$ 或 $|\bar{\theta} - \theta| \leq \varepsilon |\theta|$，其中 $\bar{\theta}$ 为实际值；θ 为标称值；$\varepsilon > 0$ 表示不确定程度的大小；$\theta_{\min}$ 和 $\theta_{\max}$ 分别表示通过历史数据所获得的参数 θ 可能取值的下限和上限。例如，已知某工件的加工时间为 30~40 分钟，最大不超过 45 分钟，最小不低于 25 分钟。近年来涉及有界加工时间的生产调度问题吸引了众多学者的关注。

·概率分布描述（probability description）：对于复杂生产环境下的生产调度问题，一些与调度密切相关的不确定参数服从一定的统计分布，决策者可以利用概率分布模型对不确定因素进行描述。常用的概率分布主要包括均匀分布、正态分布、指数分布和伽马分布等。这种处理方法的前提是要有关于不确定参数的历史数据，并通过对以往同类不确定事件相关历史数据的分析，计算得到不确定参数的概率分布函数。

·模糊数学描述（fuzzy description）：该方法采用隶属度函数来描述不确定参数。在无法获取生产环境的历史数据时，可以使用模糊集描述生产过程中的一些不精确的和不确定的信息。一个模糊集合可以定义为元函数，即 $\mu_A(x): x \to [0,1]$，对每个 $x \in A$，$\mu_A(x)$ 表示模糊集合中的隶属度级别。常用的模糊数有三角模糊数和梯形模糊数。如图 2.1 所示，采用三角模糊集合描述工件加工时间的不确定性。该工件加工时间的下限和上限分别为 8 个和 30 个单位时间，最可能的值为 15 个单位时间。

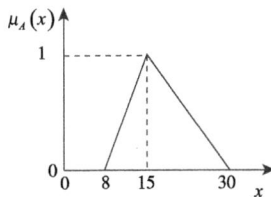

图 2.1　工件加工时间的三角模糊描述

·精确数描述：该方法用一个精确数来近似地表示非精确数的参数，然后采用求解精确问题的方法来处理这种不确定性。这种方法操作起来非常简便，但是主要缺陷在于，调度问题的解对调度模型的依赖度很高，一旦调度模型发生变化，原有的解就不再适用。

2.2　复杂生产环境下调度方法的分类

对于复杂生产环境下生产调度问题的求解，目前主要有完全反应式方法、鲁棒式方法和预测–反应式方法。以上三类优化调度方法均包括多种不同的优化算法。

复杂生产环境下的生产调度方法如图 2.2 所示。完全反应式方法是一种在线调度方法，它根据在决策时刻获得的局部信息采用某种策略进行调度，主要包括分派规则和多智体系统（multi-agent system）；鲁棒式方法在生成调度时充分考虑到可能发生的各种干扰因素，使调度吸收干扰因素造成的影响，主要包括基于冗余（redundancy-based approach）和基于仿真优化（simulation-based approach）两种算法；预测–反应式方法首先根据全局信息生成一个最优的预调度，当干扰事件发生时进行重调度以保证其可行性或者改善其性能。重调度驱动策略包括周期性驱动、事件驱动和混合驱动策略，而重调度方法主要包括完全重调度（completed rescheduling）、部分重调度（partial rescheduling）和右移重调度（right-shift rescheduling，RSR）。

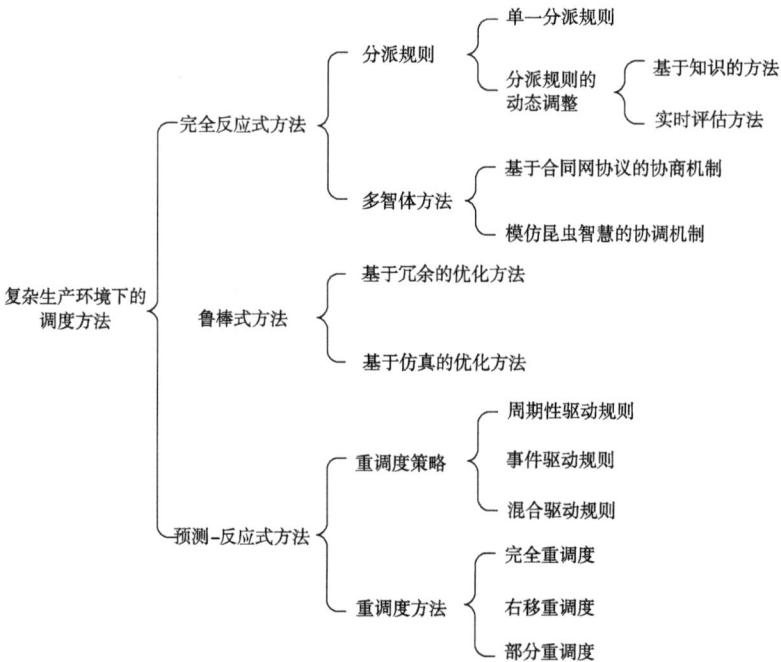

图 2.2　复杂生产环境下的优化调度方法

2.3　完全反应式方法

完全反应式方法能够根据在决策时刻获得的局部信息进行实时决策。在生产过程遭遇干扰时，该方法能够根据扰动信息实时修正原有调度方案。完全反应式方法易于理解，计算成本低，但调度决策的变动取决于生产调度系统的当前状态，得到的调度方案可能不是全局最优。在已有的生产调度研究中，完全反应式方法主要包括分派规则和多智体方法（agent-based approach）。

2.3.1　分派规则

分派规则是一种非常典型的完全反应式方法。该方法根据由待加工工件和机器的属性确定工件加工的先后顺序。分派规则能够将调度问题简化为单机任务排序问题，其调度的决策可以由每台机器分别执行。分派规则大致上可以分为四类，即与加工时间有关的分派规则（processing time based rules）、与交货期限有关的分派规则（due date based rules）、与加工时间及交货期限无关的分派规则（neither processing time based nor due date based rules）、多种规则组合的分派规则（combination rules）。

Jones 在 1973 年提出了一种用于各种作业车间分配规则的评价框架[73]。Panwalkar 和 Iskander 对之前 20 多年内提出的 113 个分配规则归类总结，指出最好的分派规则是几种分派规则的组合[74]。对于生产调度问题而言，常见的分派规则包括如下几项。

（1）SPT（shortest processing time）规则：加工时间最短的工件优先加工。

（2）LPT（longest processing time）规则：加工时间最长的工件优先加工。

（3）FCFS（first come first serve）规则：先抵达加工机器的工件优先加工。

（4）EDD（earliest due date）规则：交货期最早的工件优先加工。

（5）WSPT（weighted shortest processing time）规则：基于权重的加工时间最短的工件优先加工。

（6）LWKR（least work remaining）规则：剩余工序最少的工件优先加工。

（7）MWKR（most work remaining）规则：剩余工序最多的工件优先加工。

分派规则具有计算量小、响应快速等优点，已逐渐成为求解复杂生产环境下生产调度问题的重要方法。Wu 把分派规则分为三类——同作业信息相关的优先级规则、优先级规则的组合以及加权规则[75]。从各规则的优化效果来看，SPT 能够减小所有作业的平均流程时间，EDD 可用于优化与最大延期相关的目标。Rajendran

和 Holthaus 提出了三种新的分派规则用于求解作业车间动态调度问题[76]。对于柔性车间调度问题，汤健超分析了一种常用优先规则——Kacem 准则的不足，从而提出了兼顾机器负荷和工序次序约束的改进 Kacem 准则[77]。汪浩祥等针对不确定生产环境下航空发动机装配的自适应调度问题提出了双层 Q 学习方法[78]。上层 Q 学习通过对分派规则的学习，将工件分配到并行机器来最小化设备空闲和平衡机器负荷；下层 Q 学习通过学习最优的调度策略，对分配到机器的工件进行调度以最小化作业整体提前期。为了减少平均流程时间，Andres 等比较了多个用于求解 FFSP 的分派规则后，最终发现，与同时作业的工件数相比，分派规则对平均流程时间的影响相对较小[79]。Kianfar 等在考虑工件动态到达的基础上，提出了四种新的分派规则，用以解决考虑工件动态到达的柔性流水车间问题[80]。仿真结果表明返工工件数量和工件延误成本越小，所提出分派规则的性能就越好。Kia 等也对考虑工件随机到达的柔性流水车间问题进行了研究，并通过离散事件仿真模型对 7 个分派规则和一些启发式算法的求解性能进行了评价[81]。

由于生产过程中的不确定性因素可用一个模糊集来描述，一些研究将模糊逻辑（fuzzy logic）与分派规则相结合来确定工件加工处理的优先级。Duenas 等利用模糊集为某陶瓷公司的生产调度过程建模，提出使用最低柔性优先（least flexible job first，LFJ）和最长加工时间这两个分派规则来生成调度方案[82]。Lipi 等构建了两个模糊推理系统来确定混合流水车间中工件加工和机器处理的优先级[83]。在这两个系统中，工件加工的优先级依赖于该工件的加工时间、交货日期和超时成本，而机器处理的优先级由机器的平均故障间隔时间（mean time between failure，MTBF）和平均修复时间（mean time to repair，MTTR）决定。

尽管分派规则简单易行、实时性强，但已有研究表明，在众多的分派规则中不存在最优的分派规则。由于分派规则的有效性依赖于生产过程的实时状态，因此近年来针对分派规则的研究已经从单一分派规则转移到不同分派规则的组合上。已有研究表明，在制造系统的状态发生改变时，使用动态调整分派规则的调度策略能够获得较好的优化性能。分派规则的动态调整策略通常通过基于知识的方法和实时评估的方法来动态改变分派规则。

基于知识的方法（knowledge-based approach）首先通过仿真模拟方法生成训练样本，这些训练样本很好地描述了当制造系统处于某些状态时应采用的最佳分派规则；其次运用案例推理（case-based reasoning，CBR）、人工神经网络（artificial neural network，ANN）和归纳学习等机器学习算法对样本中的调度知识进行学习，最终完成学习的机器学习算法可以根据系统的状态调整调度分派规则。

ANN 是一种数字化的神经系统模型，该模型能够模拟与人类大脑相似的学习、判断、预测等能力。由于各个神经元之间具有广泛的互联性和自适应性，ANN 具有学习、记忆、识别和推理等功能，因此其可用于动态选择分派规则中。Min 和

Yih 对半导体晶圆制造系统的多目标调度问题进行了研究，提出通过 ANN 对分派规则进行动态调整[84]。对于工件随机到达的混合流水车间调度问题，Tang 等构建了 ANN 模型[85]。该模型能够根据制造系统的状态，从六个传统分派规则中选出一个最好的分派规则生成调度方案。仿真结果表明，该神经网络模型的性能优于任一传统分派规则。

除了 ANN 方法外，CBR 和归纳学习方法也可用于获取调度知识，二者都是机器学习中发展较为成熟的技术。CBR 模拟人类的认知心理过程，用先前求解问题的经验和方法，通过类比和联想来解决当前相似问题。CBR 的推理流程与人类解决问题的思路基本一致，即在案例库中预先存入大量的案例，然后根据求解问题的要求和特征，按一定的检索算法从案例库中检索出符合一定相似度的案例，最后结合求解问题对检索到案例的解进行修正，得到新问题的解，并判断是否将新的案例存入案例库为以后的问题所用。CBR 的核心思想是用以前求解类似问题的经验为基础进行推理，具有信息的完全表达、增量式学习、知识获取容易、求解效率高等显著优点。归纳学习（inductive learning）旨在从大量的经验数据（如大量案例）中归纳抽象出一般的规则和模式。由于其依赖于经验数据和数据间的相似性，所以该方法又称为经验学习或基于相似性学习。具体来说，归纳学习是从某个概念的一系列已知的正例和反例中，归纳出一个一般的概念描述，以获取新的概念、新的规则以及新的理论。归纳学习的一般操作包括泛化（generalization）和特化（specialization）。泛化是指扩展某假设的语义信息，使之能够包含更多的正例，应用于更多的情况。与之相反，特化是指缩小某假设的语义信息，使之排除更多的反例，用于限制概念描述的应用范围。针对动态柔性制造系统的调度问题，Priore 等运用 ANN、CBR 和归纳学习方法学习调度知识，从而根据制造系统的状态选择调度算法[86]。实验仿真结果表明，这三种机器学习算法都优于一些单一的分派规则以及某些分派规则的组合；在这三种算法中，利用 CBR 选择分派规则具有较好的调度优化性能。

除了采用基于知识的方法动态选择分派规则外，还可以根据制造系统的状态使用实时评估的方法确定最佳的分派规则。Jeong 和 Kim 针对柔性制造系统中的紧急订单、机器故障和工具破损等不确定事件，提出了一种实时调度策略[87]，即当调度系统实际性能和预估性能的差值超过给定阈值或者扰动发生时，该机制通过仿真方法对候选分派规则的性能进行实时评估，然后选择最优的分派规则重新生成调度方案。对于考虑机器故障和加工时间变动的作业车间问题，Kutanoglu 和 Sabuncuoglu 提出了一种迭代仿真调度机制[88]。在每一个决策时刻，该调度机制采用仿真方法对所有候选分派规则进行评估，选出调度性能最好的分派规则。实验结果表明该方法优于单一分派规则。为了最小化柔性制造系统中的平均流程时间和工件平均延误时间，Chan 等在考虑机器故障的情况下每隔一段时间就重新确定分派规则[89]。

2.3.2　多智体方法

多智体方法也是一类典型的完全反应式方法。该方法将复杂系统中的每个单元看作一个智能体，其中每个智能体都有自己的优化目标，各智能体之间通过协商来实现系统的整体目标。多智体方法以分布式协同的方式完成决策，具有分布式并行处理、强壮性、可伸缩性、可维护性等特点，特别适合模块化、分布式、多变的、非结构化复杂的系统。由于智能体的自治性、分布性和动态性特征适合在复杂生产环境下生成灵活、动态的调度方案，因此近年来该方法吸引了越来越多学者和领域专家的关注，已经被广泛地应用于求解复杂、多目标、动态随机的生产调度问题中。

张晴和饶运清提出了一种基于多智体的生产调度框架，探讨了适用于该框架结构的动态调度机制[90]。Nejad 等针对动态工艺规划与车间调度问题提出了基于多智体的调度方法，并验证了该方法的优化性能[91]。Kouiss 等为车间中的每个加工中心配备一个智能体，用于求解加工中心内的调度问题[92]。Ouelhadj 等针对柔性制造系统提出了一个基于多智体概念的智能实时单元控制体系，建立了一个具有调度、分配、监测和错误处理等功能的多智体模型[93]。Wu 和 Weng 提出了一种多智体的调度方法，用于求解在精益生产中的多目标柔性车间调度问题[94]。王国磊等针对复杂生产环境下的多机调度问题构建了一种基于多智能体的动态调度系统，以提高调度系统复杂生产环境的适应能力[95]。马鑫和梁艳春将智能算法与多智能相结合，提出一种基于通用部分全局规划（generalized partial global planning，GPGP）机制与多种智能算法的多智体调度模型[96]。牟文恒等利用多智体方法解决了大型冶金企业中多座转炉对多台铸机生产时炼钢连铸的调度难题，调度方案可同时给出生产作业顺序、工艺路线和生产时刻等信息[97]。

多智体方法的整体性能很大程度上依赖于各智能体之间的协调机制，因此智能体间的协作是多智能体系统研究的核心问题。智能体间的协作主要用于解决当分布式系统中一个节点不具备完成某一任务的能力或由于某种原因需要迁移任务时，如何将任务分配给其他有能力的节点。目前对多智能体系统协作的研究已经取得了一些成果，协调机制主要分为两类，即合同网协议（contract net protocol，CNP）和模仿昆虫智慧的协调机制[98]。

CNP 是 Davis 和 Smith 在 20 世纪 80 年代初首先提出的。作为针对任务和资源分配的经典协商策略，该协议是多智能体系统协同设计的关键技术。CNP 是一种面向谈判的任务分配和协商机制，通过模仿经济活动中的"招标—投标—中标"机制实现任务的委派和迁移。该协议允许各智能体相互协作和竞争，在局部最优的基础上追求全局最优，从而实现系统的最优配置。传统 CNP 的任务分配过程可以分为四个阶段：①管理者以广播的形式向系统中的承包商发布任务招标书；②承包商根据任务属性和自身资源情况决定是否向管理者投标；③管理者收集标书并对标书进行评估，选出最合适的投标者，将任务分配给它；④被授予合同的承担者向管理者确认接受任务。从 CNP 的招投标过程可以看出，CNP 中的各个智能体可以同时具有多种身份，即随着时间、条件和状态的变化，某个智能体既可以是某项任务的管理者，也可以是其他任务的投标者和中标者。

CNP 具有可扩充性好、动态环境适应能力强等优点，在多智体系统特别是分布式多智体系统中有着较为广泛的应用。但是随着生产环境的日益复杂，传统 CNP 的缺点逐渐显露，影响了协商过程中任务完成的效率。因此，为了提高该协调机制的效率，研究人员对传统的 CNP 进行了改进，以解决复杂生产环境下的调度问题。

Conry 等使用多级协商协议的 CNP 模型解决了分布式约束满足问题中任务分布和资源分配的冲突[99]。刘大有等从智能体任务承担和分布的角度提出了一种统筹多任务、多策略及多回合的 CNP 模型[100]。高阳和周伟针对虚拟企业制造环境的分布性、不确定性和动态性，运用多智体技术构建了虚拟企业生产调度系统体系结构，通过多属性效用函数进行调度过程中的协商决策，从而提高 CNP 的协商效率，实现敏捷调度[101]。张海俊和史忠植提出了一种能够适应外部环境及主体能力动态变化的动态 CNP[102]。Shin 和 Jung 设计了一种移动 CNP，通过移动智能体与其他智能体交换信息，因此系统中的智能体可以花费更多的时间进行任务处理而不是消息处理[103]。Ouelhadj 等对传统 CNP 进行了扩展，提出了一种多轮 CNP 用于同时调度多项任务，该协商机制考虑了谈判过程中的一些不确定性，可以解决谈判中产生的冲突[104]。Lau 等提出了一种改进的 CNP，允许多个管理者同时为相互关联的任务选择承包商[105]。类似地，Wong 等建立了一个在线混合 CNP 以支持多任务、多对多的谈判[106]。

智能体之间需要通过交换信息进行协商，这将导致基于 CNP 的协调机制不可避免地存在通信延迟的问题[107]。因此，近年来受蚂蚁和黄蜂等群居昆虫行为而设计的仿昆虫智慧型协调机制逐渐引起了研究人员的兴趣。与多智体系统类似，群居昆虫具有较高的自治性，但是它们仍然依赖于间接通信来达成目标，如蚁群所采用的信息素。

对于染色车间作业调度问题，徐新黎等设计了一种多智体动态调度方法，该调度方法采用基于 ACO 算法与强化学习的协商策略[108]。与基于 CNP 的协商策略相比，该协商策略有效地减少了通信量，提高了系统的运行效率。Rajabinasab 和 Mansour 提出了一种基于信息素机制的智能体协商机制，用来求解动态柔性作业车间调度问题[109]。Valckenaers 等建立了一个多智体模型来处理柔性制造系统中的干扰，该模型采用蚁群的信息素来协调智能体的行为[110]。仿真实验结果表明，在考虑生产环境中的紧急订单、加工时间变动和机器故障等干扰时，该模型具有足够的灵活性。Xiang 和 Lee 将蚁群智能与智能体协商机制相结合，建立了一个基于智能体的动态制造系统[98]。该系统的智能体对随机工件到达和机器故障等干扰具有较好的自适应性，其调度性能被证明优于采用分派规则的多智体系统。

2.4　鲁棒式方法

作为复杂生产环境下一种重要的生产调度方法，鲁棒式方法在生成调度时充分考虑到可能发生的各种干扰因素，使调度能够吸收干扰因素造成的影响，从而使调度在扰动发生后相对初始调度的偏离尽可能地小。该方法制订的初始计划在可能非最优，调度方案的鲁棒性与实际调度的目标函数值和预期调度的目标函数值的差值有关。在已有的生产调度研究中，鲁棒调度方法大致分为两类——基于冗余的优化方法和基于仿真的优化方法（simulation based optimization，SBD）。

2.4.1　基于冗余的优化方法

基于冗余的优化方法旨在生成调度方案时插入适当的松弛时间或空闲时间以降低不确定事件对调度方案的影响[111]。Mehta[112]利用历史数据分析了干扰事件发生的概率，从而在相邻工件间插入一段空闲时间来吸收干扰事件对工件加工的影响。基于冗余的优化方法通常包含两个阶段：首先确定工件在机器上的加工顺序，其次计算待插入空闲时间的大小并将其加入每个工件开始加工之前。

由于上述的两阶段过程忽视了工件顺序对插入空闲时间的影响，近期学者在生成调度方案时同时考虑如何确定工件加工顺序和插入空闲时间。Davenport 等提出了两种松弛时间插入算法来应对作业车间中的机器故障[113]。这两种算法都是在问题求解过程中实时确定松弛时间的大小，而不是在工件加工之前事先确定松弛时间。Liu 等基于插入空闲时间的思想，提出了兼顾鲁棒性和稳定性的单机调度方法[114]。该方法采用工件计划完工时间与实际完工时间偏差的绝对值来度量初始调度方案的稳定性。与 Liu 等[114]的研究思路类似，Al-Hinai 和 ElMekkawy 首先对调度方案的鲁棒性和稳定性进行了定义，其次研究了考虑机器故障的柔性车间作业环境下的如何生成预调度方案[115]。尽管在调度方案中插入空闲时间的方法已得到了较为成功的应用，但该方法仍然存在一定的缺陷，即空闲时间插入的位置、长度和数量都难于确定。

2.4.2　基于仿真的优化方法

作为仿真技术与优化技术相结合的一种优化方法，SBO 由 Shapiro 于 1996 年在著名的美国冬季仿真会议上首先提出[116]。其核心思想是充分运用仿真技术模拟实际系统的运行，运用既定的运行评价指标对系统运行仿真结果进行预评估，并结合优化模拟器对仿真系统不断进行优化，进而提出系统实际运行的优化方案与改进措施。针对难以构建数学模型的随机优化问题，SBO 是一种较为合适的求解方法。

对于复杂生产环境下的生产调度问题，基于 SBO 的生产调度方法近年来已经逐渐成为学术界的研究热点。该类方法属于鲁棒式方法，学者先后将离散事件仿真模型与 SA 算法[117]、GA[118]、免疫算法[119]和 ACO 算法[120]等智能优化算法相结合，并验证了此类调度方法的有效性。在以上方法中，仿真模型用于评价复杂生产环境下的调度方案性能，从而指导智能优化算法的搜索过程。智能优化算法产生的新解又作为下一次仿真的输入，直到仿真优化模型的输出满足终止条件为止。

Allaoui 和 Artiba 提出了一个基于 SA 算法的 SBO 模型来求解有维修时间约束的 FFSP[117]。仿真实验数据表明，该仿真优化调度模型的调度结果优于 Nawaz 等提出的 NEH 算法[33]。该方法被认为是求解 FFSP 最好的启发式方法，其原理为，在同一台机器上应先优先处理加工时间长的工件。

对于考虑加工时间变动的流水车间调度问题，Wang 等提出了一种基于假设检验的 GA[121]。该方法使用 GA 生成问题的解，解的性能由仿真模型进行评价。为了提高算法的搜索能力，GA 运用假设检验方法舍弃没有显著差异的解，并通过仿真实验验证了基于假设检验的 GA 的有效性。Wang 等也提出了一种基于 GA 的 SBO 模型，该算法使用序优化算法和 GA 生成新一代的种群，使得生成的解无论在质量上还是鲁棒性上都得到了提升[122]。Gholami 等针对考虑机器故障的 FFSP，提出了一种基于 GA 的 SBO 模型[123]。当机器发生故障时，该模型的仿真系统采用事件驱动策略和右移重调度方法重新生成调度方案，并对新调度方案的性能进行评价。该 SBO 模型使用正交实验设计方法（orthogonal experimental design）对调度算法的鲁棒性进行了分析，仿真实验结果表明工件数、工序数、相邻故障之间的平均间隔时间和种群大小对该算法的鲁棒性影响很大。针对同一调度问题，Zandieh 和 Gholami 将仿真模型与免疫算法相结合进行求解，实验结果表明只有工件数和阶段数对该调度算法的鲁棒性有很大影响[119]。

近年来，Ahmadizar 等针对工件随机到达和加工时间变动的群组调度问题提出了一种 SBO 方法，该方法将仿真模拟方法与 ACO 算法相结合，对问题的解进行评价[120]。针对考虑加工时间变动的可重入 FFSP，Dugardin 等提出了三种基于 GA

的 SBO 模型，并验证了模型的有效性[124]。

2.5　预测-反应式方法

预测-反应式方法是复杂生产环境下最常用的一种优化调度方法。该方法主要包括两个步骤：①在不考虑不确定事件的情况下，首先根据全局信息生成一个最优的预调度方案；②当干扰事件发生时，更新原有调度以保证其可行性或者改善其调度性能。

生产调度过程随时可能出现各种突发事件和干扰，如紧急订单、订单撤销、机器故障、交货期限变更等。这类事件往往会导致原先的调度方案在实施过程中达不到预定的目标甚至不再可行，因此必须对原调度方案进行适当的调整，也就是进行重调度。重调度是预测—反应式方法中的重要环节，是调度能否应对干扰的首要保证。使用预测—反应式方法进行调度的关键在于选择合适的重调度策略和重调度方法，即判断何时需要进行重调度和采用何种方法进行重调度。

2.5.1　重调度策略

重调度策略用于确定调度算法在什么情况下进行重新生成调度方案，通常包括三种不同的重调度驱动规则：①周期性驱动规则；②事件驱动规则；③混合驱动规则。

·周期性驱动：在初始调度方案的执行过程中，该策略要求每隔一段固定的时间就周期性地进行重调度。该策略实际上将复杂生产环境下的生产调度问题分解为一系列的静态确定性调度问题，即在每个周期的起点，根据这一时期的系统状态和所获得的全局信息生成一个独立的调度方案，并执行至下一个周期的起点。该方法的难点在于如何确定最佳的重调度周期。相比连续调度而言，周期性重调度在调度稳定性方面表现更好，但同时缺点也比较明显。一方面，由于只是周期性地进行重调度，因此缺乏应对各种扰动的快速响应能力；另一方面，周期性的重调度无形中增加了不必要的重调度，计算负荷较大。Church 和 Uzsoy 研究了单机环境下工件动态到达的重调度问题，研究结果表明重调度频率的增加可以提高调度性能[125]。Sabuncuoglu 和 Bayiz 通过研究考虑机器故障的车间作业调度问题也得到了类似的结论[126]。他们还发现当重调度的频率超过一定限度时，调度方案的性能不再随着其增加出现显著的改善。

·事件驱动规则：该策略在不确定事件发生后重新生成调度方案，这是在复杂生产环境中进行重调度的最常用方法。Church 和 Uzsoy 在单机生产调度中引入事件驱动策略，明显改善了生产系统的调度性能[125]。Vieira 等[127]研究了随机工件到达条件下的单机调度问题，对比分析了周期性驱动和事件驱动的重调度性能。刘明周等对事件的驱动规则进行了进一步的划分，提出对生产过程中的显性扰动和隐性扰动分别采用主动触发式和被动触发式驱动规则的方法[128]。对于设备故障之类的显性扰动，一旦发生就立即进行重调度；而对于加工时间变动之等的隐性扰动，则当生产系统状态触发临界值时进行重调度。基于事件驱动规则的重调度性能较好，但是对于大规模的生产调度问题而言，干扰事件发生的频次很高，且可能在多台并行机上同时或相继出现，单纯的事件驱动下的生产调度系统可能一直处于重调度状态，导致系统的稳定性很差，而且重调度的计算成本也很高。

·混合驱动：该重调度策略综合了周期性驱动和事件驱动的优点，每隔一段固定的时间或者当不确定事件发生后，就重新生成调度方案。对于考虑机器故障的并行机器调度问题，Vieira 等比较了周期性驱动规则、事件驱动规则和混合驱动规则对调度性能的影响，发现三种重调度策略都可以很好地提升系统的调度性能。但在同样的初始条件下，由于混合驱动策略下的重调度更为频繁，因此其调度性能最好[129]。Suwa 在研究考虑紧急订单的单机调度问题时也尝试采用了混合驱动的重调度策略，与传统的混合驱动规则不同，当工件到达后不是立即开始重调度，而是当新工件的数量累计超过设定的阈值后才触发重调度[130]。

2.5.2　重调度方法

在调度方案的执行过程中，需要更新原有调度以保证其可行性或者改善其调度性能。常用的重调度方法主要包括：①完全重调度；②右移重调度；③部分重调度。

·完全重调度：该方法对重调度时刻之后的所有未加工工件重新确定开始加工时间，即使是那些不受干扰事件影响的工件也必须进行重调度。理论上来讲，完全重调度是一种很好的重调度方法，它能够最大限度地避免干扰事件对系统的不良影响，极大地改善系统的调度性能。但是其缺点也十分明显，完全重调度考虑了所有未加工的工件，这大大增加了重调度的计算复杂度，使得调度系统对于干扰的响应速度变慢，而且随着调度问题规模的增加，调度方案的稳定性将会降低。Bierwirth 和 Mattfeld 针对考虑紧急订单的车间调度问题设计了一种 GA[131]方法。该算法采用完全重调度方法更新调度方案，一旦有新工件到达，就立即对尚未加工的工件进行重调度，同时根据上次重调度的最终种群来生成本次进化过程的初始种群，从而加快算法的收敛速度，一定程度上改善了计算效率。

·右移重调度：这种方法不改变原调度方案中工件的加工顺序，而是直接将未加工工件的开始时间推迟直到调度可行。图 2.3 给出了一个典型的了右移重调度执行过程。机器 M2 在加工工件 1 时出现故障，影响了原调度方案的执行，原本应该在 t 时刻完工的工件 1 实际完工时间变为 $t+r$，因此在机器 M3 的加工计划中，原本定于在 t 时刻开始加工的工件 1，其实际开工时间相应地变为 $t+r$。同理在机器 M3 上加工的工件 2、在机器 M4 上加工的工件 2 和 3，其开工时间均往后延迟了 r 个时间单位。如图 2.3 所示，在整个右移重调度过程中，工件的加工顺序并未发生改变，而受干扰事件影响的工件的加工时间整体向后推迟了 r 个时间单位。右移重调度算法的最大的特点是计算量很小，对调度稳定性的影响较小，但缺点在于不能保证重调度的质量。

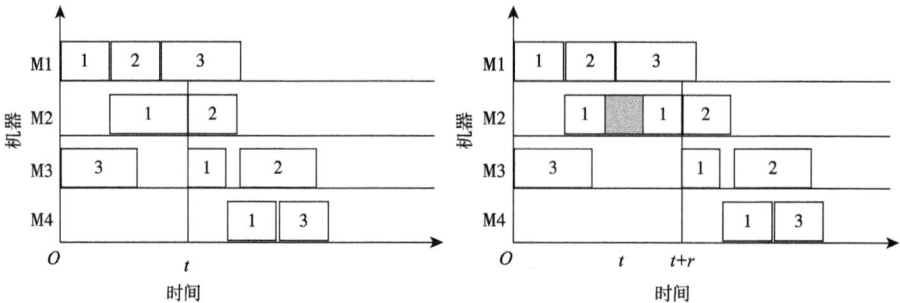

图 2.3　右移重调度[68]

· 部分重调度：当扰动发生后，该方法只对部分直接或间接受到干扰事件影响的工件进行重调度。这种重调度方法介于完全重调度和右移重调度之间，当在干扰发生后且尚未执行的调度方案规模仍然很大的情况下，使用部分重调度方法能够有效地降低计算量。Metha 针对考虑机器故障的单机调度问题，采用部分重调度来更新原调度方案，并通过仿真实验比较了部分重调度和右移重调度的调度性能[112]。仿真实验结果表明部分重调度比右移重调度具有更好的调度性能。对于考虑机器故障的流水车间调度问题，Akturk 和 Gorgulu 提出了一种匹配重调度方法，这种重调度方法对处于故障时刻与匹配时间点之间的尚未加工的工件重新生成调度方案[132]。匹配重调度方法通过不断的迭代过程确定合适的匹配点。对于考虑紧急订单的 FFSP，Caricato 和 Grieco 提出了一种低影响重调度方法（low-impact rescheduling，LIR），这种方法在不影响重调度质量的前提下尽可能地减少对原有调度方案的改动[133]。

为了更好地分析完全重调度、右移重调度和部分重调度的调度性能，近年来学者们对以上三种重调度方法进行了比较分析。对于考虑机器故障的车间作业调度问题，Abumaizar 和 Svestka 以最小化 makespan 为优化目标，比较分析了三种重调度方法的调度质量，仿真实验结果表明，完全重调度具有最佳的调度性能，其次为部分重调度，性能最差的为右移重调度[134]。Mason 等以总加权延迟时间最小化为优化目标，同样也对上述三种调度算法进行了性能比较并得到了类似的结论[135]。

2.6　完全反应式方法和预测-反应式方法性能比较

　　用于求解复杂生产环境下调度问题的完全反应式方法和预测-反应式方法是两种完全不同的方法。尽管这两类方法都包括了多种不同的优化算法，但是生产调度研究领域的学者普遍认为二者具有较好的互补性。

　　预测-反应式方法首先根据全局信息生成一个最优的预调度，当随机扰动发生时，更新原有调度以保证其可行性。因此，该方法具有较好的全局优化性能，但是计算量偏大，在不确定事件发生后无法快速地调整调度方案，实时性较差。

　　完全反应式方法本质上是一种在线调度，它可以根据在决策时刻获得的局部信息生成调度方案，因此全局优化性能相对较差。尽管完全反应式方法无法得到全局最优解，但与预测-反应式方法相比，它具有计算量小、实时性高的优点。

　　近年来，许多学者对以上两种方法进行了比较研究，他们一致认为两者的优化性能具有高度的互补性，即在随机特性较低的生产环境中，由于预测-反应式方法通过全局信息进行优化调度，其优化性能将优于完全反应式方法；随着生产环境中随机特性的增加，预测-反应式方法所依赖的全局信息变得不再准确，该方法的优化性能将逐渐衰退，最终当系统的随机特性高于某一个阈值时，完全反应式方法将优于预测-反应式方法。

　　表 2.1 给出了预测-反应式方法和完全反应式方法各自的优缺点。尽管学者从一个定性的角度分析了这两类方法的优化性能与系统随机特性之间的关系，遗憾的是他们并未对此关系进行进一步的定量分析，也始终未将这两种方法结合起来解决复杂环境下的生产调度问题。为了充分利用预测-反应式方法和完全反应式方法的优点，一种可行的调度策略是根据生产环境中随机特性的大小动态选择优化调度算法，即生产环境随机特性较低时采用预测-反应式方法进行调度，生产环境随机特性较高时采用完全反应式方法进行调度。作为互补的两类调度算法，无论预测-反应式方法还是完全反应式方法均包含多种调度算法。因此通过组合不同的调度优化算法，该优化调度策略可以派生出多种不同的实现形式。

表 2.1　预测-反应式方法和完全反应式方法的优缺点

完全反应式方法
　优点
　　——实时性高，在不确定事件发生后能够快速调整调度方案
　　——计算量小
　　——随着生产环境中随机特性的增加，优化性能变差趋势不明显
　　——生产环境中随机特性较高时，该方法的优化性能可能优于预测-反应式方法
　缺点
　　——局部信息生成调度方案，因此全局优化性能相对较差
预测-反应式方法
　优点
　　——全局优化能力强，在静态生产环境下能得到较好的解
　缺点
　　——实时性差，难以在不确定事件发生后快速调整调度方案
　　——计算量大
　　——随着生产环境中随机特性的增加，优化性能逐渐变差
　　——生产环境中随机特性较高时，该方法的优化性能可能差于完全反应式方法

2.7　复杂生产环境下的流水车间调度

PFSP 和 FFSP 是两类经典的组合优化问题，在流程工业中有着十分广泛的应用。已有的关于 PFSP 和 FFSP 的研究通常不考虑生产过程中的干扰因素，而无论是置换流水车间还是柔性流水车间，它们的实际生产过程往往受到机器故障、紧急订单、订单取消、加工时间变动等不确定事件的影响。目前关于复杂生产环境下 PFSP 和 FFSP 的研究相对较少，表 2.2 和表 2.3 分别对复杂生产环境下 PFSP 和 FFSP 的主要研究文献进行了归纳。

表 2.2　复杂生产环境下 PFSP 的文献分类

不确定事件类别	文献	生产调度	
		优化目标	调度方法
工件随机到达	刘亚净等[136]	生产成本和扰动成本	基于 GA 和 PSO 的混合算法
	王建军等[137]	不满意度	基于量子计算和 SA 的混合算法 基于 PSO 算法和 SA 的混合算法
	Itayef 等[138]	生产成本、扰动成本	SA 算法
	王晓明[139]	makespan、工件开始加工时间的平均偏移量	鲁棒式调度方法

续表

不确定事件类别	文献	生产调度	
		优化目标	调度方法
加工时间变动	Liu 等[140]	makespan	GA
	Pinedo[141]	makespan	随机优化模型
	Kasperski 等[142]	makespan	最小最大遗憾准则
	Averbakh[143]	makespan	最小最大遗憾准则
机器故障	B.Wang 和 X.Wang[144]	工件延误成本	部分重调度
随机交货期	唐海波等[145]	客户满意度	基于知识进化的 PSO 优化算法
机器故障、加工时间变动	Li 和 Zhu[146]	makespan	GA
机器故障、工件随机到达、工件准备时间变化	Katragjini 等[147]	总流程时间	贪婪算法
工件随机到达、加工时间变动、订单变动	赵新[148]	makespan	仿真优化方法
随机交货期、加工时间变动	耿兆强和邹益仁[149]	平均满意度	GA

表 2.3　复杂生产环境下 FFSP 的文献分类

不确定事件类别	文献	生产调度	
		优化目标	调度方法
机器故障	Allaoui 和 Artiba[117]	总流程时间、交货期	SA 算法
	Wong 等[150]	makespan	实时分割重调度
	Allaoui 等[151]	makespan	鲁棒式调度方法
	Pang 等[152]	等待时间	完全重调度
	Gholami 等[123]	最大完工时间	GA
	Zandieh 和 Gholami[119]	最大完工时间	免疫算法
	Lipi 等[83]	最大完工时间	模糊推理系统
加工时间变动	Hong 和 Wang[153]	最大完工时间	模糊算法
	Dugardin 等[124]	平均制造周期、瓶颈设备利用率	GA
工件随机到达	Tang 等[85]	平均流程时间、平均延迟时间、延迟工件比例	ANN
	Caricato 和 Grieco[133]	车间扰动	低影响重调度
	Kianfar 等[80]	工件延迟和返工费用	分派规则
	Kia 等[81]	平均流程时间和平均延迟时间	分派规则
机器故障和紧急订单	Alisantoso 等[154]	平均延迟时间	免疫算法
加工时间、准备时间和交货期	Fakhrzad 和 Heydari[155]	持有和缺货成本	模糊调度方法

从表2.2和表2.3中可以看出,仅有少量学者对复杂生产环境下的PFSP和FFSP进行了研究,而且相关研究主要考虑单一的不确定性事件,如机器故障、加工时间变动等,同时考虑多种不确定事件的研究较少。在生产过程中考虑多种不确定事件将大大增加PFSP和FFSP的求解难度,因此需要设计更为高效的优化算法来生成调度方案,这也是考虑多种不确定事件的生产调度研究较少的主要原因。

第二篇

基于仿真优化策略的置换流水车间调度

第3章 基于遗传算法和分布估计算法的仿真优化策略

3.1 引　　言

PFSP 是一类经典的组合优化问题，在流程工业的实际生产中有着广泛的应用。PFSP 属于 NP 完全问题，被学术界认为是最难求解的组合优化问题之一。如果再考虑生产环境中的不确定事件，该调度问题将变得更加复杂。对于规模较大的 PFSP，通常使用智能优化算法进行求解。本章采用混合优化的思想，提出了一种基于 EDA 和 GA 的混合优化方法来求解复杂生产环境下的 PFSP。

GA 虽然局部搜索能力强，但是缺乏连锁学习的能力，因此在全局搜索上存在不足。EDA 收敛速度快，具有较好的全局搜索能力，但不具备局部搜索能力，算法在运行时种群多样性下降迅速，容易陷入局部最优，存在过早收敛的问题。通过有效结合以上两种算法在全局搜索和局部搜索上各自的优势，本章将详细介绍一种较为新颖的基于 EDA 和 GA 的混合算法。该混合算法采用并行结构，每一次迭代使 EDA 和 GA 分别产生一定比例的个体。为了使混合算法充分发挥两种算法的优势，将以种群平均适应度值的变化为依据，通过模糊逻辑控制（fuzzy logic control，FLC）实现对两种算法生成个体比例的自适应调整。

在对复杂生产环境下的生产系统建模时，往往难以明确描述生产过程中的不确定性， SBO 有效弥补了这方面的缺陷。近年来，生产调度领域的专家学者开始采用 SBO 求解复杂生产环境下的调度问题。传统的 SBO 方法通过仿真方法评价优化算法的解，因此属于鲁棒式方法。为了降低随机因素对个体评价所造成的影响，SBO 往往需要进行多次仿真，从而导致计算量的成倍增加。为了对复杂生产环境下的调度方案性能进行评价，基于 EDA 和 GA 的混合算法通过仿真方法对种群中的个体性能进行评价。该混合算法运用 ANN 预测种群中个体的性能劣化度，从而根据性能劣化度估算个体的性能，这将有助于降低 SBO 方法的计算复杂度。

　　综上所述，本章介绍的基于 EDA 和 GA 的混合算法具有以下两个特点：①每一代种群同时由 EDA 与 GA 生成，不同算法生成个体的比例通过 FLC 进行动态调整；②运用 ANN 的相关理论与方法建立复杂生产环境下个体的适应度评价模型。

3.2　复杂生产环境下的置换流水车间调度问题

　　作为流程工业流水线生产调度问题的简化模型，PFSP 普遍存在于石油、化工、电力、冶金、造纸和制药等流程工业中。该问题是生产调度领域的经典组合优化问题，具有复杂性和动态性等特点。该问题可以描述为：有 n 个工件需要在 m 台机器进行加工，所有工件在不同机器上的加工顺序相同且每台机器一次只能加工一个工件。求解复杂生产环境下的 PFSP 就是在考虑生产环境中不确定因素的基础上，确定工件在机器上的加工顺序，以使某个或多个调度指标达到最优。在静态生产环境下，$m \geq 3$ 的 PFSP 属于 NP 完全问题。如果再考虑生产环境中的各类不确定事件，该调度问题将变得更加难于求解。

　　出于简化调度模型的考虑，对复杂生产环境下的 PFSP 问题给出以下假设：

　　假设 3.1：所有机器 0 时刻均可用。

　　假设 3.2：所有工件都可以在 0 时刻开始加工。

　　假设 3.3：不同的工件之间具有相同的优先级。

　　假设 3.4：每个工件只能同时在一台机器上进行加工。

　　假设 3.5：每个工件在机器上的加工时间包括其准备时间，且与加工顺序无关。

　　假设 3.6：相邻机器间的缓冲区无限大，工件可以在工序之间等待。

　　PFSP 的优化准则有多种，通常与生产时间或延迟时间相关。在置换流水车间中，makespan 为最后一个工件在最后一台机器上的完工时间。本章以最小化 makespan 为优化目标：

$$\min\{\max[C_{mj}]\} \tag{3.1}$$

其中，C_{mj} 是工件 j 在最后一台机器 m 上的完工时间。

　　由于 PFSP 要求所有工件在不同机器上的加工顺序相同，因此该问题的解可用工件在机器上的加工序列来表示。根据该序列可得到每个工件在每台机器上的开始加工时间和完工时间，最终可以得到该工件序列的甘特图。例如，对于 5 个工件 5 台机器的 PFSP，如果{4，1，5，3，2}为问题的一个解，则在每台机器上最先加工 4 号工件，然后是 1 号工件，以此类推最后是 2 号工件。与该加工序列对应的甘特图如图 3.1 所示。

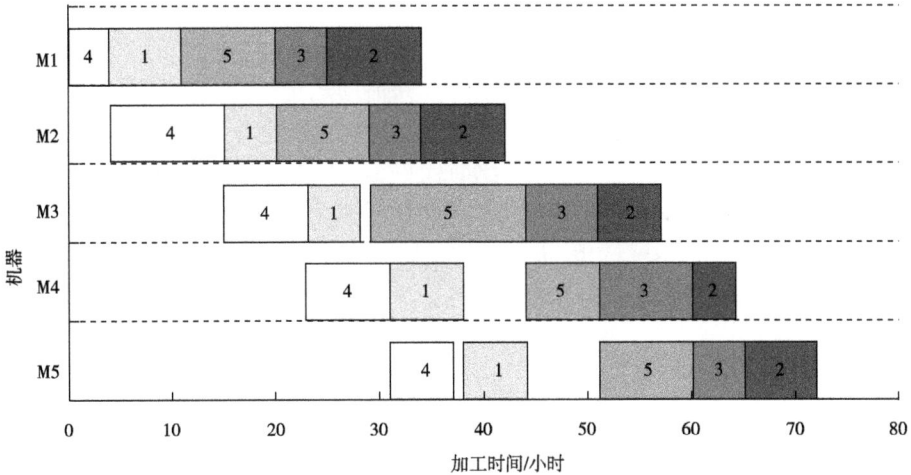

图 3.1　PFSP 的甘特图

3.3　遗传算法和分布估计算法的基本理论

进化计算是一类借鉴生物遗传与进化思想发展起来的随机搜索方法，该方法已经广泛地应用在工程科学的众多领域。作为典型的进化算法，GA 和 EDA 都可用于求解 PFSP。GA 基于生物进化的机制，具有操作简单、容易实现等优点，其局部搜索能力较强，且求解时不受约束条件的限制；EDA 采用统计学习和概率分布的原理，侧重于在解空间上寻找全局最优解，具有较好的全局搜索能力，但容易陷入局部最优。因此，为了充分发挥这两种算法的优势，可同时使用这两种算法进行种群进化。

3.3.1　遗传算法

自然界中的物种都是生物在进化过程中通过不断地自然选择而形成的。生物繁殖产生的后代多数会与母体类似，少数则发生变异。生存资源的有限和外界环境的不断变化促使后代之间进行竞争，最终环境适应性强的个体会存活下来。这种"优胜劣汰，适者生存"的现象为研究人员提供了一种全新的优化思路。GA 是一种模拟达尔文生物进化论的自然选择和遗传学机理的生物进化过程的随机搜索算法。1965 年，美国 Michigan 大学的 Holland 提出，可以在人工系统中引入生物的进化选择机制。随后 Holland 的学生在博士论文中首次提出了 GA 的概念。自从 GA 诞生以来，它受到了越来越多学者的关注，其理论成果也日渐丰富。

GA 采用群体搜索策略，有着高度并行、自组织、自学习、自适应等特点，它将优化问题的解以染色体的方式进行编码，并借助遗传学的遗传算子进行交叉和变异操作产生新的种群。整个种群的进化过程以染色体的适应度（fitness）值为依据，模拟自然进化过程使得后代种群比前代更加适应环境。其中，末代种群中的最优个体经过解码（decoding），可以作为优化问题的近似解。由于搜索过程不受优化问题中约束条件的限制，因此 GA 适用于处理传统方法难以求解的大规模问题，其应用领域非常广泛，包括机器学习、图像处理、模式识别、自适应控制、组合优化等。

1. 遗传算法的基本思想

生物的进化是通过染色体来实现的，染色体上有着许多控制生物性状的基因，这些基因会在遗传过程中随着染色体的交叉进行重新组合，同时也会以一定的概率发生变异。GA 的基本思路与此类似，可以将待优化问题的求解过程看做生物努力适应环境的过程，优化问题的解则对应生物种群中的个体，算法的搜索便是种群一代代进化最终形成稳定物种的过程。

在运行 GA 时，需要将优化问题的解以数据或数组的形式编码成染色体，各位置上的数值对应着相应的基因。GA 具有隐并行性，其搜索过程从一个解的集合开始，解的集合形成种群。为了对种群中的个体进行评价，需要设立适应度函数，用适应度值来反映个体的优劣，适应度值越高说明该个体代表的解越好。与自然选择类似，GA 的每个个体要先经过选择才能进行之后的交叉和变异操作。选择算子的意义在于淘劣存优，确保种群朝着正确的方向进化，它会根据个体的适应度值来进行选择。个体适应值越高，则存活到下一代种群中的可能性就越大；反之，则越小。完成个体选择之后，个体会以一定的概率作为父代进行交叉操作生成下一代个体。交叉使得子代能够获得一部分父代的片段，不同父代片段的混合保证了种群的多样性，有助于产生更为优良的个体，也是全局搜索的体现。与此同时，为了不让种群中的优秀基因受到破坏，大多数 GA 会让极个别精英个体直接进入下一代种群。交叉后的少部分个体还会进行变异操作，这部分个体的数量由变异概率来控制。变异是对个体的基因进行改变，从而得到新的个体。变异操作属于局部搜索，可以为种群提供多样化的个体，能在一定程度上防止 GA 陷入局部最优。至此，GA 完成了一次解空间内的搜索。GA 会不断重复上述种群进化的过程直到满足预先设定的终止条件。

2. 遗传算法的基本步骤

作为一种借鉴生物进化规律演化而来的随机化搜索方法，GA 主要包括五个基本要素，即染色体编码和解码、种群初始化、适应度评价、遗传算子（包括选择、交叉和变异操作）、遗传参数设置等。这五个要素构成了 GA 的核心内容。设 $P(t)$ 和 $C(t)$ 分别表示第 t 代的父代和子代，则 GA 的基本运算过程如下：

步骤 1：确定种群规模 P_s、交叉概率 P_c、变异概率 P_m 以及终止条件。

步骤 2：设置迭代次数 $I=0$，按照一定的初始化方法生成初始种群 $P(t)$，$t=0$。

步骤 3：根据适应度函数，计算种群中每个个体的适应度值。

步骤 4：以适应度值为依据，从现有种群中选出一部分优秀个体。

步骤 5：依据 P_c 和 P_m，对种群进行交叉、变异操作生成子代 $C(t)$。

步骤 6：判断是否满足终止条件。若满足终止条件，将当前搜索得到的最好个体作为优化问题的解；否则，$I=I+1$，返回步骤 3。

GA 的算法流程图如图 3.2 所示。

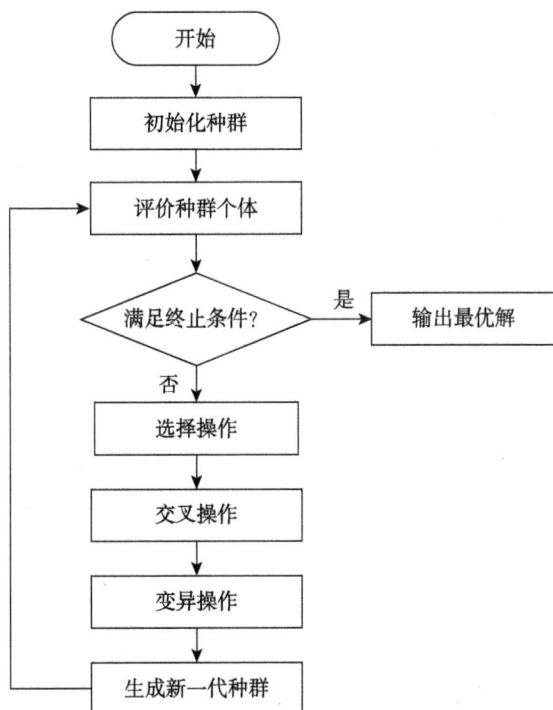

图 3.2　GA 流程图

在 GA 的实际应用中，应根据待优化问题的类型确定算法实现的具体形式、关键参数的取值和遗传算子的选择。下面依次对 GA 的编码、适应度函数、遗传算子和算法参数选择这些关键部分进行介绍。

1）编码

染色体编码是用 GA 求解优化问题时首先要解决的问题，也是设计 GA 的关键步骤。编码就是将待优化问题的解转换成算法所能处理的数据类型，它是衔接问题的优化空间与算法搜索空间的关键。编码方法不仅决定了种群中个体的解码方法，并且还影响到交叉、变异等遗传算子的运算方法。因此，编码方法在很大程度上决定了群体如何进行交叉、变异操作以及遗传进化运算的效率。典型的编码方式包括二进制编码、实数编码和排列编码等。其中，二进制编码是最早的编码方式，其编码和解码相对简单，方便交叉、变异等操作的进行，但是在编码长度增加时，算法的精度会受到影响，而且存储量会急剧扩大；实数编码则运用实数来表示问题的解，既提高了运算精度，也减少了存储量，因此在高维优化问题中应用较为广泛；排列编码也称序列编码，该编码方式将有限集合内的元素进行排列，使问题简洁、易于理解。染色体编码方式的选取主要取决于优化问题的性质。函数优化中多用到二进制编码和实数编码，而组合优化则会用到排列编码。

2）适应度函数

适应度函数又称为适配值函数，用于对种群中个体相对优化问题的可行程度进行评价，是 GA 实现"优胜劣汰"的前提条件。适应度函数可以计算出每个个体的适应度值，而个体的存活概率与其适应度值的大小呈正相关关系，即适应度值越高，则个体存活的概率就越大；适应度值越低，则个体存活的概率就越小。适应度函数的选择会影响 GA 的优化性能。对于一般的优化问题，可以将适应度函数设为目标函数的某种转换形式，如取目标函数的倒数。相对复杂的优化问题则需要精心构造适应度函数。

适应度函数的定标也是需要考虑的一个关键问题，定标是对种群适应度值的调整。在 GA 中，种群的规模在数十至几百之间。在迭代过程中，如果某个"超级个体"的适应度值远远超过种群的平均适应度值，运用传统的比例选择方法会使得该个体在种群占据绝大部分比例，此时 GA 会由于种群多样性的丧失陷入局部最优，这便是"过早收敛"。为了避免这种现象，应限制 GA 中这些"超级个体"的适应度取值，使其无法在种群中取得支配地位。此外，在算法运行的后期，种群中各个体的适应度值可能比较接近种群的平均适应度值，这将导致每个个体的区分度显著降低，使得算法的选择机制失去原有作用，导致其搜索能力受到极大制约。因此，需要放大不同个体适应度值的差异，增加个体间的相互竞争，促进种群的不断进化。

适应度函数定标的概念由 Jong 和 Alan 首次提出，它是保持和完善种群竞争机制的关键技术[156]。目前常用的定标技术主要包括线性定标、幂指数定标、对数定标、正规定标等。

3）遗传算子

遗传操作是 GA 优化过程的核心环节，主要包括选择、交叉和变异三个基本步骤。在每一个步骤中，算子的选择都会影响 GA 的效率和性能。

（1）选择操作。

选择的目的是实现 GA 搜索过程中对个体的优胜劣汰。在设计选择算子时，应充分考虑如何尽可能保留种群中的优良个体，避免优良基因的损失，同时还应舍弃那些适应度值较差的个体。常用的选择算子如下。

第一，轮盘赌（roulette wheel selection）法：轮盘赌法起源于赌博游戏，是一种基于个体适应度值大小的选择方法。在轮盘赌中，每个个体被选中的概率取决于其适应度值。个体的适应度值越高，被选中的概率就越大；反之，被选中的概率就越小。

第二，期望值（expected value selection）法：期望值法是一种比轮盘赌法更注重公平的方法。它首先计算出每个个体生存量的期望值，其次在选择过程中根据个体是否被选中而相应调整其期望值。

第三，排序选择（rank-based selection）法：排序选择法首先按适应度值的大小对种群中的个体进行排序，适应值高的个体排序靠前，而适应度值低的个体排序靠后，最后根据个体的排序给出每个个体的选择概率。

第四，锦标赛选择（tournament selection）法：每次从种群中选择一定数量的个体进行适应度值的比较，将适应度值较高的个体放到交叉池中，不断重复上述过程，直到填满交叉池为止。

（2）交叉操作。

交叉操作是 GA 完成种群进化、实现迭代搜索的关键步骤。它模仿生物染色体的重组过程，将通过选择操作得到的两个或多个父个体按某种特定方式相互交换部分基因，从而将父代中的优良基因保留到子代。交叉操作是 GA 区别于其他进化算法的重要特征，它决定了算法的全局搜索能力。GA 性能的优劣很大程度上取决于交叉操作的有效性。交叉操作分为多种。其中，单点交叉最为简单，它能较好地保留父代的优良片段，但也限制了算法对不同类型个体的搜索。多点交叉会增加原有个体模块破坏的概率，有助于发现新的优良解，却增加了计算复杂度。在基于工件顺序的排列编码下，常用的交叉操作有部分映射交叉（partially mapped crossover，PMX）、次序交叉（order crossover，OX）、线性顺序交叉（linear order crossover，LOX）、次序保留交叉（order preserved crossover，OPX）和基于位置的交叉（position-based crossover，PX）等。

（3）变异操作。

变异操作模拟进化过程中生物染色体上出现的基因突变现象，该操作将改变种群中部分个体的基因片段。该操作是对交叉操作的重要补充，可以增强 GA 的局部搜索能力。当交叉操作产生的子代适应度值不如父代时，GA 将无法找到更好的个体，容易陷入早熟状态，其原因在于种群中个体构造模式的固化。而变异操作通过单个或多个位点的变化产生新的构造片段，可以增加种群中个体的多样性，从而使 GA 具备一定的局部搜索能力，避免过早收敛。常见的变异算子主要有以下几种。

第一，插入变异（insert mutation）：从个体中随机选择一个位点，将其随机插入个体的另一位点后。

第二，互换变异（swap mutation）：随机选择个体的两个位点并交换其所在位置。

第三，逆序变异（reverse mutation）：随机选择个体的两个位点，将这两个位点之间的序列反转。

4）算法参数选择

由于 GA 的参数设置对其优化性能有着十分重要的影响，因此 GA 在运行前需要预先设定关键参数的取值。GA 的关键参数主要包括种群规模、交叉概率、变异概率和算法迭代次数。种群规模太小，则种群中的个体数量太少，将无法很好地描述解空间中的信息，因此搜索过程得到的解的质量也就不高；个体数量太多，计算开销过大，会使算法的性能大打折扣。迭代次数也存在类似的问题，迭代次数越多就越能保证算法的收敛性，但是影响算法的运行速度。交叉概率和变异概率也是非常重要的两个参数，它们决定了 GA 的全局和局部搜索能力。如何设置这两个参数的取值也是 GA 研究的一个热点问题。交叉概率太大，GA 容易丢失种群中适应度值高的个体；交叉概率太小，种群进化缓慢，算法的全局搜索能力也会受到限制。变异概率太大，GA 将丧失进化搜索的特点，与随机搜索无异；变异概率太小，变异个体数量过少而不能对种群提供新的优化模式，GA 容易陷入局部最优。

迄今为止还未形成关于参数取值的具体规则。不同的优化问题只能通过经验或者实验测试来确定其参数的取值。实验法首先对每个参数在一定区间内取不同的典型值，其次 GA 使用不同参数值的组合对特定的优化问题进行求解，最后通过对优化结果的比较得到一组最优的参数值组合。确定最优参数值组合的方法有多种，较为常用的方法包括全因子实验设计（full factorial experimental design）和正交实验设计。

3. 遗传算法的研究现状

本小节将分别从理论研究和 PFSP 的应用研究两个方面对 GA 的研究现状进行深入分析。

1）遗传算法的基础理论研究

对 GA 的理论研究始于 Holland。Holland 对采用二进制编码的 GA 进行了深入研究，提出了模式定理。模式定理证明了 GA 会在搜索过程中保留那些适应度值高、长度短、阶次低的模式，这在一定意义上解释了 GA 的有效性。Holland 还证明了 GA 的隐含并行性，这也是 GA 不同于其他并行计算方法的地方。GA 的隐含并行性指在每一次迭代过程中算法对种群中的 n 个体进行处理，这 n 个个体包含了大约 $O(n^3)$ 个模式，使得 GA 可以同时处理大量不同的模式，且不需要额外的存储空间。因此，这就合理解释了 GA 为什么能够快速发现优良模式，实现高效搜索。

GA 是否具有收敛性也是研究人员关心的一大问题。收敛性是指在迭代搜索过程中种群的最优个体逐渐趋近到某个稳定状态，它制约着算法的可行性和实用性。若一种算法无法保证在有限迭代次数内收敛到问题的全局最优解，该算法则是无效的。算法的收敛速度也是收敛性研究中需要考察的一个重要内容。若算法收敛速度过慢，求解时间很长，则该算法在实际应用中是不可取的。对于 GA 收敛性的研究大多采用模式分析法和 Markov 链分析法，其中模式分析只是定性地评价 GA 的收敛性，而 Markov 链分析法是常用的定量分析技术。Rudolph 定义了针对个体的收敛性，并利用 Markov 链证明：标准 GA 在概率意义上不能收敛到全局最优，但如果在算法运行时保留当前最优解，则算法将以概率 1 收敛到全局最优解[157]。He 和 Kang 利用 Markov 链对有限状态空间和一般可测空间上的标准 GA 进行了收敛性分析，并估计了收敛速度[158]。除了模式分析法和 Markov 链分析法，也可以采用其他方法分析 GA 的收敛性。Michalewicz 和 Hartley 利用 Banach 不动点原理分析了 GA 的收敛性[159]。徐宗本等利用鞅方法研究了 GA 的几乎必然强收敛性，证明了即使不采用精英个体保留策略的 GA 也能以概率 1 在有限步骤内收敛到全局最优解[160]。

2）遗传算法在 PFSP 上的应用研究

Reeves 首先将 GA 用于 PFSP 的求解，算法采用单点交叉算子，在种群更新时替换掉低于平均适应度值的个体，并将其与 SA 算法进行了比较[39]。Murata 等分析了不同遗传算子对 PFSP 求解的影响，并引入了 TS 算法和 SA 算法来加强算法的局部搜索能力[161]。近年来，为了提高优化效果，学者开始对 GA 的结构进行改进。Iyer 和 Saxena 等设计了一种能利用问题相关信息的 GA，构造了能够识别和保存工件之间固有优先次序的遗传算子，并与使用标准算子的 GA 进行了比较，算例运行结果验证了此种改进方法的有效性[162]。Nagano 等提出了求解 PFSP 的构造性 GA，该算法首先将 PFSP 的目标函数转换为一个多目标函数，然后分别对解的结构和模式进行评价，并设计了相应的交叉、变异算子完成迭代寻优[163]。Zhang 等将人工染色体加入标准 GA 中，通过人工染色体来保存种群中的优势基因，并以总流经时间为优化目标对 PFSP 进行了求解[164]。Zhang 和 Li 将 GA 与新型局部搜索策略相结合，提高了 GA 对解的开发利用，最后以标准算例验证了混合算法的有效性[51]。

3.3.2　分布估计算法

EDA 是近年来最为热门的智能优化算法之一。该算法采用统计学习的方法，通过记录种群中优势个体在解空间上的分布建立其概率模型。不同于 GA 中的交叉和变异操作，EDA 只通过概率模型来生成下一代种群。作为一种全新的搜索策略，EDA 侧重于在宏观层面上指导种群的进化，其全局搜索能力强，收敛速度快，具有自适应、自学习等特点，近年来以得到了学术界的广泛关注。此外，EDA 在求解时无需了解优化问题的具体邻域，目前已被广泛地应用到结构优化、模式匹配、工程优化、机器学习、生物信息学等诸多领域。

1. 分布估计算法的基本思想

作为进化计算领域的一类新兴算法，EDA 是在 GA 的基础上逐步发展而来的。由于 GA 的交叉算子不能学习和识别个体中基因的连锁模式，因此在交叉过程中不可避免地会有许多构造块被破坏。构造块，又称积木块，是指个体序列中适应度值高、长度短、阶次低的模式。构造块是 GA 进行迭代搜索的基础，GA 的搜索过程实际上就是对构造块进行不断的选择、交叉和变异，以寻找更优良的构造块，最后收敛到所求优化问题的最优解。构造块的破坏会使算法错过很多优良个体，在运行中出现退化现象，从而导致算法过早陷入局部最优。学者把这种由构造块破坏产生的问题称为连锁问题。在对实际问题的求解过程中，经常会遇到连锁问题，如背包问题、旅行商问题和生产调度问题等。

为了解决连锁问题，学术界先后提出了几种有效的改进方法。一种方法是对算法机制进行改进，如对交叉操作进行指导和监督，使算法能够学习和识别构造块；另一种方法则是摒弃交叉操作，从当前种群中选取一定数量性能较好的解，对这些解的位点信息和模式进行统计并得到其分布，然后从这个分布中产生新的种群，最终得到优化问题的解。EDA 属于第二种方法，该算法基于统计学习的基本原理，克服了传统 GA 的缺陷，较好地解决了进化过程中的连锁问题。此外，由于 EDA 不存在交叉和变异操作，其概率模型学习速率的取值比交叉概率和变异概率更容易确定，因此对参数选择的依赖性也降低了。

EDA 的算法理念起源于 1987 年 Ackley 设计的一个学习算法。这个算法应用群体概率分布进行分析，并用群体中解的评价信息来对解分布进行更新[165]。Syswerda 于 1993 年提出以位点信息交叉来生成新一代种群，这种基于个体位点信息的操作替换了标准 GA 中的选择和交叉操作，并使用边缘概率分布来指导新个体的产生。Baluja 于 1994 年首次提出了基于概率学习思想的增量学习算法（population based incremental learning，PBIL），该算法被认为是 EDA 的原型[166]。

Mühlenbein 等在已有研究的基础上，于 1996 年正式提出了 EDA 的概念，这种将生物进化与统计学习相结合的新式优化算法一提出就受到了学术界的密切关注，许多学者都对其进行了深入研究[167]。

2. 分布估计算法的分类

作为一种基于概率分析和统计学习的优化算法，EDA 利用概率模型来描述优化问题中各变量的分布信息和相互关系，弥补了传统 GA 的不足，具有良好的连锁学习能力。EDA 完成迭代寻优的关键在于概率模型的构建和采样。在实际应用中，由于变量间相互关系的复杂性，对于不同的优化问题需要构建不同的概率模型。

根据所求解问题中变量的连续性，可将 EDA 分为离散型和连续型两种不同的类型。离散型 EDA 用于求解变量在离散空间取值的优化问题，多采用二进制编码；连续型 EDA 则是针对连续域变量来寻找最优解，编码方式通常为实数编码。

根据变量之间的相互关系，还可将 EDA 分为变量无关、双变量相关和多变量相关三种类型。变量无关 EDA 在求解优化问题时，假定各变量间相互独立，不存在相关关系。这种算法的概率模型最为简单，但不具备连锁学习能力，多用于求解线性问题。该类算法主要包括基于群体的 PBIL，单变量边缘分布算法[168]（univariate marginal distribution algorithm，UMDA）以及紧致遗传算法[169]（compact genetic algorithm，CGA）等。双变量相关 EDA 假定优化问题中仅有两个变量存在相关性，相关方法主要包括 MIMIC[170]（mutual information maximization for input clustering）、COMIT[171]（combining optimizers with mutual information trees）和 BMDA[172]（bivariate marginal distribution algorithm）等。多变量 EDA 考虑了多变量之间的相关关系，因此概率模型较为复杂，常用方法主要包括 ECGA[173]（extended compact genetic algorithm）、FDA[174]（factorized distribution algorithm）、贝叶斯优化算法[175]（Bayesian optimization algorithm，BOA）等。

3. 分布估计算法的基本步骤

EDA 是一种利用统计学习的理论来指导群体进化的优化算法。在算法运行过程中，EDA 首先对种群中的个体进行适应度评价，然后通过一定的选择机制将适应度值较高的个体筛选出来，组成优势群体，然后以优势群体中的个体作为样本进行估计，最终构建出概率模型。不同于 GA 中的交叉和变异操作，EDA 通过对概率模型的采样得到新一代种群，进入下一次迭代过程，最终求得优化问题的解。因此，与 GA 相比，EDA 用概率模型的采样替代了交叉和变异操作，算法流程相对简化，而且具有不错的连锁学习能力。

由于概率模型的不同，EDA 可分为多种不同的类型，但其操作步骤基本相似，具体如下。

步骤1：种群的初始化——设置算法的迭代次数 $I=0$ ，以随机的方式生成 P_s 个个体，作为迭代的初始种群。

步骤2：评价与选择——利用适应度函数计算出种群中每个个体的适应度值，以一定方式从 P_s 个个体中选出 N 个（ $N<P_s$ ）优秀个体，作为优势群体。

步骤3：构建概率模型——对优势群体中的个体进行统计，得到其分布信息，构建出概率模型。

步骤4：种群的更新——对得到的概率模型进行采样，生成 P_s 个个体，构成新一代种群。

步骤5：终止判断——若新一代种群满足预先设定的终止条件，则算法停止迭代，以此时得到的最好个体作为优化问题的解；否则， $I=I+1$ ，返回步骤2。

经典 EDA 的算法流程图如图 3.3 所示。

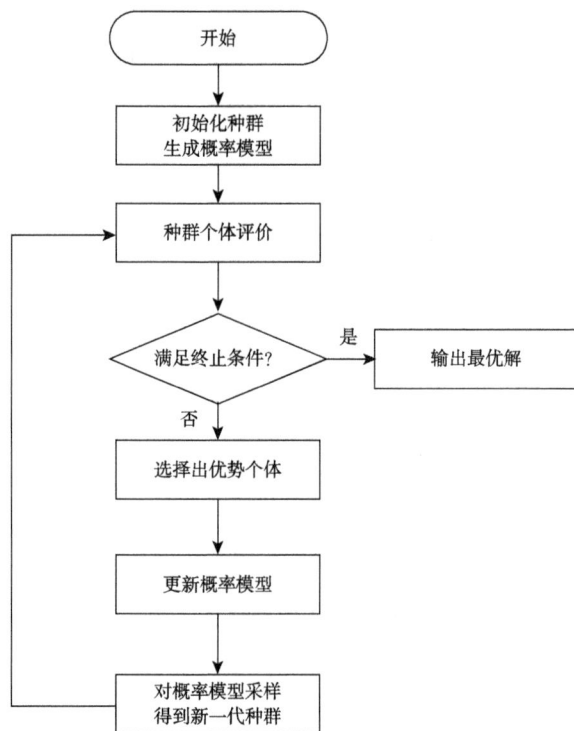

图 3.3　EDA 流程图

4. 分布估计算法的研究现状

本小节将分别从理论研究和算法改进两个方面，对 EDA 的研究现状进行深入分析。

1）理论研究

作为一种基于概率分析和统计学习的新型进化算法，EDA 在近十几年来受到了学术界的广泛关注。然而，相比其在工业生产、信息技术等领域的大规模应用，EDA 的理论研究仍然是薄弱环节，主要研究领域主要包括收敛性分析和算法的时空复杂性分析等。

在变量无关的 EDA 研究领域，Hiihfeld 和 Rudolph 对 PBIL 算法的概率模型进行了分析，研究了 PBIL 算法的收敛性，其结论是 PBIL 在求解简单的线性二进制最优问题时，有着较好的全局收敛性，而对非线性问题则收敛性不佳[176]。Lozano 等也对 PBIL 算法进行了深入研究[177]，其结论为，在离散动态系统中，若概率模型的学习速率向 0 趋近，该算法的寻优过程与系统演化类似；PBIL 的收敛性则取决于待优化问题的类型，若为单模态问题才具有全局收敛性。Rastegar 和 Meybodi 对 CGA 和 PBIL 进行了研究，分析了二者的最优收敛概率，并给出了收敛到全局最优的充分条件[178]。在 UMDA 的研究中，Mühlenbein 对收敛性进行了分析[179]，而 Shapiro 讨论了如何在不同优化问题中设定概率模型的学习速率[180]。

在变量相关的 EDA 研究领域，Mühlenbein 和 Mahnig 在 UMDA 的理论基础上证明了 EDA 算法的收敛性[181]。Zhang 和 Mühlenbein 分析出，当种群规模无限时，若概率模型足够精确，则采用比例选择、截断选择和锦标赛选择的 EDA 将具有全局收敛性[182]。Wu 等则对种群规模有限的情形进行了研究，他们认为新一代种群的概率分布与优势群体的分布即使存在一定的偏离，采用上述三种选择方式的 EDA 也能收敛到全局最优，并计算出了偏离范围[183]。

在算法的空间复杂度方面，Gao 和 Culberson 以 FDA 和 BOA 为研究对象证明了当问题规模扩大时，EDA 空间复杂性会随之以指数形式增长[184]。这一结论表明变量间相关关系会影响问题的求解过程，而在复杂问题的求解上 EDA 会存在一定的局限性。在时间复杂度的研究方面，Chen 等以 UMDA 为例分析了其平均时间复杂度[185]，Pelikan 对 BOA 算法进行了研究，讨论了 BOA 算法在适应度值上的计算次数与优化问题规模的关系，并研究了种群大小与优化问题规模间的关系，最终证明二者会随着问题规模的扩大而呈现指数增长[175]。这一结论也同样表明变量间相关关系会影响优化问题的求解过程。

EDA 的理论研究还需要进一步完善，目前的研究成果大多与离散型 EDA 有关，对连续型 EDA 的研究仍是一大难点，也是未来学术界的热点研究内容。

2）分布估计算法的改进研究

EDA 通过对概率模型的抽样来生成新一代种群。这种新颖的种群生成方法能够有效避免种群中优秀片段组合的丢失，可以克服 GA 中存在的连锁问题。作为一种应用前景广阔的进化算法，EDA 在求解复杂优化问题时的效率和性能仍有待提高。如何针对具体问题来设计或改进 EDA 已逐渐成为研究人员所关心的问题。同时，随着研究的不断深入，人们发现 EDA 在对概率模型进行抽样时，容易出现过度拟合解空间的情况，因此无法准确反映解空间的全部信息。此外，关于收敛性的研究表明，EDA 种群的多样性会随着迭代过程的进行而迅速下降，从而使得算法在解空间的搜索性能降低，导致算法陷入局部最优，出现过早收敛的现象。

为了克服 EDA 的不足，有学者提出了改进 EDA 的几种方法，主要包括保持种群的多样性、对概率模型进行改进以及将 EDA 与其他智能优化方法相混合等。下面将一一进行介绍：

（1）保持种群的多样性。

种群多样性是指种群中所有个体在结构和序列上的差异性。差异化个体的存在会使进化算法能更好地利用解空间的分布信息，从而有更大的机会找到全局最优解。Chen 等在分析算法收敛性时发现，使用 EDA 求解优化问题时，普遍存在种群多样性下降的问题[186]。其原因在于，概率模型会随着迭代次数的增加而出现对解空间过度拟合的情况，从而导致使用概率模型产生的个体相似性较高。因此，应考虑在 EDA 无法产生新的更好解时，如何提高种群的多样性。一种可行的方法是在算法迭代一定次数后，对概率模型产生新一代个体的过程进行干预。Chang 等结合 ACO 算法中信息素蒸发率对种群多样性的影响，设计了基于不同蒸发率的多样性维持手段，并用提出的方法对单机调度问题和流水车间调度问题分别进行了测试，取得了不错的效果[187]。Gamez 等针对 EDA 过早收敛的问题，提出在种群多样性降低时采用种群的其他信息来构建概率模型，从而使新一代种群能获得不同模式的个体，从而达到维持种群多样性的目的[188]。Chen 等针对 EDA 搜索过程中种群多样性下降速率的不同，将控制概率模型采样的参数由固定值设为随着迭代次数增加而变化的变量，从而有效地改善 EDA 的性能[186]。

在 EDA 中加入类似 GA 的变异算子也有助于种群多样性的维持。Handa 对此开展了相关研究[189]。程玉虎等设计了一种混沌变异算子，并将其引入 EDA 中，变异操作的概率将会随着种群多样性的变化而进行自适应调整[190]。实验结果表明这种改进方法有效地克服了 EDA 过早收敛的问题。

（2）对概率模型进行改进。

对于离散型 EDA，Santana 等设计了一种基于近邻传播的 EDA，该算法先搜集优势个体的交互信息，得到一个矩阵，然后对此矩阵进行聚类分析（cluster analysis），最后完成概率模型的更新[191]。Peng 等针对二进制编码问题，设计了一种基于记忆管理机制的概率模型[192]。Li 等基于变量之间的相关关系提出了一种新型 EDA，该算法在对概率模型进行采样时会保留部分变量，而对其余变量进行采样处理，经过实验测试证明，相比传统 EDA，该算法有更好的性能[193]。

对于连续型 EDA，Dong 和 Yao 提出了一种新的概率模型更新方式，以优势群体协方差矩阵特征值的变化来调整概率模型的特征值，该算法还尝试利用 3 种策略来完成特征值的调整，并以极大似然估计评价了 3 种策略的效果，实验结果表明这种改进的 EDA 可以较好地求解种群规模较小的优化问题[194]。Ding 等认为优势群体的规模会影响概率模型的精确性，为了更好地指导算法搜索，应在设计 EDA 时考虑随着迭代的进行调整优势群体的规模[195]。Zhong 等设计了一种两概率模型的 EDA，该算法将种群分为两个子种群，一个子种群对应一个概率模型，其中直方图概率模型用来进行全局搜索，而高斯概率模型则指导算法进行局部搜索[196]。为了提高算法搜索效率，该算法运行过程中两个子种群的优秀个体会周期性迁徙，子种群的规模也会相应地发生变化。以单峰高斯分布为概率模型的 EDA 在处理复杂问题时往往不能确保解的质量，Zhang 和 Zeng 为此提出了一种基于序贯重点采样粒子滤波的 EDA，该算法通过带权粒子来构建多峰概率模型，算法的优化性能有所提高[197]。Wang 和 Zeng 提出了一种基于 Copula 函数的多变量相关 EDA，Copula 函数能够通过各变量的边缘分布获取变量的联合概率分布，因此将 Copula 函数引入 EDA 中，可以减少 EDA 概率模型构建的计算复杂度[198]。

（3）基于 EDA 的混合算法。

随着迭代次数的增加，EDA 难以产生多样性的个体，从而容易导致算法过早收敛。除了在算法设计上改进种群多样性外，将 EDA 与能够提供多样性个体的其他智能优化算法相混合也是一种有效的手段。在进化算法中，EDA 的收敛速度快，算法实现过程相对简单，其核心内容在于概率模型的构建和采样。因此，在与其他方法的结合上，EDA 有着自身独特的优势。

在基于 EDA 的混合算法研究中，EDA 与 GA 相结合的研究相对较多。Chang 等将人工染色体引入 EDA 中形成了 ACGA（artificial chromosomes with genetic algorithm）[187]，Zhou 等提出了基于模型的进化算法（model-based evolutionary algorithm）[199]。这些算法在 EDA 与 GA 的结合策略上都有所不同。此外，Zhou 等[200]、Liu 等[201]学者对基于 EDA 和 PSO 优化的混合算法也进行了深入研究，并取得了一定成果。

除了智能优化算法外，EDA 还可以和其他一些定量分析方法相结合。Zhang 和 Zeng[197]同时使用 EDA 与独立主成分分析方法求解优化问题，Miquélez 等将贝叶斯分类方法与 EDA 相混合[202]，谭立湘和郭立将量子计算的思想引入 EDA 概率模型的构建中[203]。

在 EDA 的混合算法中，如何设计能够充分发挥不同算法优势的混合策略是此项研究亟待解决的关键问题。一般而言，EDA 在全局搜索上具有较大优势，而随着迭代次数的增加种群多样性下降较快。因此，在种群多样性开始下降时，混合算法应考虑引入其他方法，这样可以产生多样化的个体以避免过早收敛。

作为一种新型智能优化算法，使用 EDA 求解 PFSP 的相关研究成果较少。Jarboui 等首次将 EDA 应用到 PFSP 上，在构建概率模型时不仅考虑了工件位点，还考虑了相邻工件的组合关系[50]。为了改善 EDA 的优化性能，他在 EDA 算法中还增加了邻域搜索算法（variable neighbour search，VNS）。针对 PFSP，Li 等提出以最长公共序列（longest common subsequence）优化 EDA 种群的进化过程[193]。Tzeng 等同时采用 EDA 与 ACO 算法来求解 PFSP[204]，其核心思想为在每一代种群中使用一个新的过滤策略（filter strategy）和局部搜索来更新局部最优解，并以局部最优解为基础，通过一种全新的信息素路径来产生下一代种群。Liu 等提出了基于 EDA 和 PSO 算法的混合算法，该算法充分利用 EDA 为粒子提供解空间的分布信息，并引入局部搜索以增强粒子的寻优性能[201]。

3.3.3 遗传算法和分布估计算法性能分析

1. 遗传算法的特点和缺陷

GA 是一种通用的优化算法，目前被广泛用于许多实际问题的求解，已成为用来解决高度复杂问题的重要方法。该算法具有以下特点。

（1）将问题的解编码成染色体，以染色体的适应度值进行遗传操作。使用 GA 求解优化问题时，不需要了解问题的其他信息，优化过程不受限制性条件的约束。

（2）算法搜索过程是对种群中所有个体所具有的模式进行处理，具有隐含并行搜索的特性。

（3）交叉和变异操作使该算法具有较强的全局和局部搜索能力。

GA 的缺陷在于，其交叉操作不能学习和识别个体中基因的连锁模式，容易出现构造块被破坏的现象，使算法无法保存优良解的结构。因此，GA 的搜索过程容易出现退化，从而陷入局部最优。

2. 分布估计算法的特点和缺陷

EDA 是在 GA 的基础上改进而来的新型进化算法。它利用统计学习的方法，以概率模型的形式记录种群中优势个体在解空间上的分布，并通过概率模型生成下一代种群。EDA 侧重于在宏观层面上指导种群的进化，其特点如下。

（1）以统计学习来指导算法的整个搜索过程，全局搜索能力强。

（2）通过优势个体的信息更新概率模型，以采样的方式生成新一代种群，具有一定的连锁学习能力。

（3）算法操作简单、容易实现，且收敛速度较快。

同样的，EDA 也存在一定的缺陷。在对概率模型进行抽样时，容易出现过度拟合解空间的情况，从而导致概率模型不能准确反映解空间的全部信息。此外，EDA 缺乏局部搜索能力，在迭代过程中种群的多样性会迅速下降，从而使算法在解空间的搜索性能变差，导致 EDA 陷入局部最优，出现过早收敛的现象。

3.4　基于仿真的优化方法

生产调度问题是在有限时域内为生产任务分配有限的车间资源来优化一个或者多个性能指标，具有复杂性、不确定性、多约束等特点。实际生产环境中存在着大量不确定性事件，它们会使实际调度方案偏离原调度方案，不利于生产企业提高资源利用率和运行效益。在对复杂生产系统建立数学模型时，人们往往很难明确地表达出系统本身，特别是目标函数和约束条件的不确定性，因此基于数学模型的优化方法在实际应用中有很大的局限性。近年来，SBO 方法有效地弥补了这方面的缺陷，引起了国内外众多学者的广泛关注，已被成功用于制造系统、供应链和物流系统及社会经济系统等领域。

3.4.1　SBO 的基本思想和步骤

作为仿真技术与优化技术相结合的一种优化方法，SBO 起源于 20 世纪 90 年代。SBO 的概念最早由 Shapiro 于 1996 年在著名的美国冬季仿真会议上首先提出[116]。该方法用仿真系统模拟实际系统的运行，并用仿真结果来评估实际系统的性能。如图 3.4 所示，SBO 的基本思想是上级优化算法对问题进行求解，下层通过仿真获得的统计指标对解进行评价，并将评价信息反馈给上级优化算法用于指导解的搜索过程。

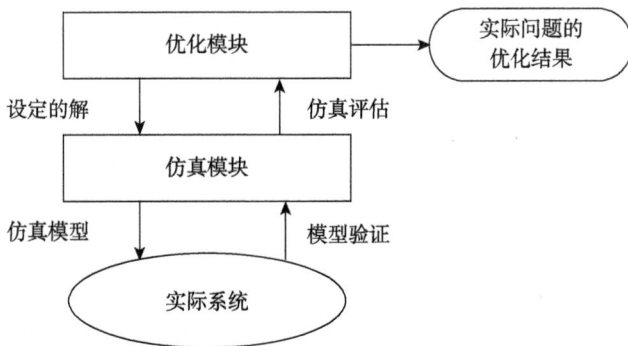

图 3.4　SBO 流程图

针对复杂生产环境下的生产调度问题，基于 SBO 的生产调度方法已经逐渐成为学术界的研究热点。该类方法本质上属于鲁棒式方法，学者先后将仿真方法与SA 算法[117]、GA[118]、免疫算法[119]和 ACO 算法[120]相结合，并验证了此类调度方法的有效性，以上方法的基本过程如图 3.5 所示。SBO 将仿真模型嵌入智能优化算法中，把仿真模型的输出作为算法的适应度值，用于指导优化算法的搜索过程。优化算法产生的新解又作为下一次仿真的输入，直到仿真优化模型的输出满足终止条件为止。仿真模型理论上可与任意优化调度算法相结合，当前国内外研究中将仿真模型嵌入 SA 算法和 GA 的生产调度模型较为多见。

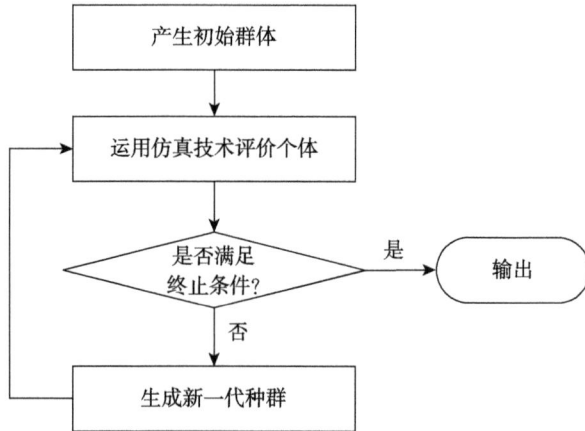

图 3.5　基于仿真的智能优化算法

3.4.2　SBO 的难点和发展方向

SBO 方法能够更加准确地描述复杂系统，目前已经被学术界认为是一种较好的优化方法。尽管 SBO 在多个不同的领域得到了广泛应用并取得了令人满意的结果，但是该方法也存在运算时间过长的缺点，主要原因如下。

（1）与计算适应度函数相比，仿真一次的计算量往往较大。在 SBO 方法中，上级优化算法往往采用智能优化算法。该类算法的每一代种群中通常有大量个体，如果为每代种群的每个个体都通过仿真方法进行评价，其计算代价是非常大的。

（2）为了降低复杂系统中随机因素对于个体评价造成的影响，往往需要进行多次仿真，这将导致计算量的成倍增加。

为了克服 SBO 仿真时间过长的缺陷，一些学者进行了相关研究并取得了一定研究成果。目前主要有三种解决方法。

（1）高度发展的并行计算技术可以成为缩短 SBO 计算时间的有力工具。这项技术虽然本质上并未减少 SBO 的计算量，但多机并行使得计算速度大大提高，因此 SBO 方法与并行计算技术融合是一个必然的发展趋势。

（2）对仿真模型的结构、流程进行调整和简化，可以使仿真过程更加合理，用时更短。尽管这种方法依赖于具体问题，应用相对较少，但仍不失为减少仿真过程计算量的有效方法。Lee 等提出了一种采样平均近似方法（sample average approximation,

SAA），该方法可以在限制计算代价的条件下控制仿真采样的数量[205]。

（3）利用问题本身的性质进行推理，找出性能较好的解也是 SBO 未来发展的一个重要方向。这类方法仅对较好的解进行仿真评估，一些学者对此类方法进行了研究，并取得了初步的研究成果。Ahmadizar 等通过计算目标函数值的下界，首先找出种群中可能优于当前最优解的满意个体，其次采用仿真方法对满意个体进行评估[120]。Horng 等首先通过较少的仿真采样对调度方案性能进行预估，找出种群中的一些满意个体；其次再使用较长的仿真采样对满意个体进行评估[206]。

3.5　基于遗传算法和分布估计算法的仿真优化模型

GA 和 EDA 都是进化计算领域中的典型方法。GA 通过交叉和变异操作生成新一代种群，具有较好的局部搜索能力，但缺乏连锁学习的能力；EDA 使用概率模型完成种群的进化，具有不错的全局搜索能力，但概率模型对解空间的过度拟合容易使算法陷入局部最优。因此，可同时考虑使用 GA 和 EDA 生成新一代种群，以便充分发挥两种算法各自的优势。

本节将介绍一种基于 GA 与 EDA 的混合算法。该算法引入 FLC 自动调节新一代种群中 GA 和 EDA 生成个体的比例，从而使算法具有较好的全局和局部搜索能力。此外，该混合算法还采用 SBO 的基本思想建立了复杂生产环境下个体适应度的评价模型，该评价模型运用 ANN 的相关理论与方法，有效地降低了仿真优化模型的计算法复杂度。

3.5.1　混合算法的仿真优化模型框架

1. 混合算法的基本原理

对于 PFSP 的求解，智能优化算法虽然有着不错的优化效果，但是算法在搜索效率和优化质量上仍有提升空间。在处理大规模 PFSP 时，基于单一结构和机制的智能优化算法很难取得令人满意的优化效果。因此，基于不同智能优化算法的混合优化策略是生产调度领域一个必然的发展趋势。该策略能够综合不同算法的优势，近年来已逐渐成为智能计算领域的研究热点。

由于各类智能优化算法的优化思路和算法结构不同，因此混合优化策略目前还没有形成系统的理论，其基本原理在于将不同算法的优势结合起来以更好地求解复杂的优化问题。优化算法的搜索方式可分为在全局搜索和局部搜索。全局搜索是对问题解空间上的探索和遍历；而局部搜索则是对特定解空间的开发和利用，即在当前解的领域中搜索更好的解。全局搜索与局部搜索都是影响算法搜索性能的关键，不同的优化算法在这两种搜索方式上各有侧重。EDA 使用概率模型记录优势个体在解空间上的分布信息，并通过抽样完成种群更新，这使得 EDA 可以更多地在宏观层面上指导算法搜索，因此 EDA 具有较好的全局搜索能力，但缺乏局部搜索能力，容易陷入局部最优。而 GA 对选择后的个体进行交叉和变异操作，倾向于对当前种群进行领域搜索，尤其是对个体进行少数位点变换试图找到更优秀个体的变异操作。这种优化模式虽然使 GA 具有不错的局部搜索能力，但是容易破坏优良解的结构，忽视了对解空间上的探索。

混合优化策略有多种实现形式，主要包括串行混合、算法嵌套、并行混合等。算法间串行混合是将一种算法的搜索结果作为另一种算法搜索的输入，这样依次进行优化；算法嵌套则是以某一算法为基本框架，将另一种算法嵌入其中来改善其优化性能，这种策略不仅适用于智能优化算法间的混合，还能用于启发式方法以及其他搜索方法与智能优化算法间的混合；算法并行是让不同的搜索算法并行寻优，通过相应的策略来控制混合算法中两种算法的并行情况。在算法并行的混合策略中，需要合理设计混合算法的流程，尽量做到混合算法性能达到最优，而又不能使算法的计算存储开销过大。

在 3.3.2 小节中"4. 分布估计算法的研究现状"已提到将 EDA 与其他算法混合是一种改进 EDA 优化性能的有效方法，而 EDA 本身也具有框架简单、易于实现等特点。因此，近年来学术界有一些关于 EDA 混合算法的研究，其中以基于 GA 与 EDA 的混合算法居多。将 GA 与 EDA 进行混合的主要优势如下。

1）算法结构的相似性

EDA 与 GA 都属于进化算法。EDA 的基本流程分为选择、更新概率模型、采样三个步骤，而 GA 包括选择、交叉、变异三个基本操作，两种算法在种群更新和个体选择上有一定的相似之处。

2）算法性能的互补性

EDA 具有不错的全局搜索能力，收敛速度快，但种群多样性下降迅速，容易陷入局部最优。GA 则由于交叉和变异操作能够产生多样化的个体，局部搜索能力较强，同时也容易破坏优良解的结构，因而收敛速度较慢。

在基于 GA 和 EDA 的混合算法中，如何生成个体从而完成种群的进化是算法设计的重点。Pena 等提出了三种混合策略，包括轮流使用 GA 和 EDA 生成个体、GA 和 EDA 以固定比例生成个体以及 GA 与 EDA 以动态比例生成个体完成种群更新[207]。这里所谓的动态比例是在每一次迭代时用固定的数学公式计算得到不同方法生成个体的比例。Chang 等在 ACGA 中将 GA 生成的个体周期性地加入种群中，并在算法即将过早收敛时增加 GA 生成的个体数量[187]。Chen 等在研究 EDA 与 GA 混合策略时提出了一种新的理念，即混合算法应在运行前期更多地使用 EDA 生成个体，而在算法收敛速度下降时主要运用 GA 来维持种群多样性[186]。

在以上混合优化策略中，如何控制每代种群中不同算法生成个体的比例成为影响混合算法性能的关键。有效的比例调节策略应能较好地结合两种算法的优势，提高算法的优化性能。目前混合算法的比例调节策略主要包括固定比例和动态比例调整两种。在固定比例的调整策略中，各算法在迭代过程中生成个体的比例保持不变。该策略需要通过实验来确定合适的比例值。实验过程相当耗时，而且有时由于问题的特殊性和算法自身特点的影响，往往难以求得最佳的比例值。而动态比例的调整策略主要可以分为两类，一种是利用固定的数学公式来进行比例的调节，这种方法受设计者经验和主观认识的制约；另一种方法则是用人工智能技术自适应地调整 GA 和 EDA 生成个体的比例，这种方法针对不同算法生成个体的性能差异，以一定的准则来修改算法生成个体的比例。

在自适应调整技术中，最常见的方法是 FLC。FLC 能够模仿人类认识非确定事物或现象的过程，它可以通过模糊语言描述难以用数学公式表达的控制规则，以模糊逻辑进行判断，最终实现控制过程。作为一种重要的控制技术，FLC 应用范围十分广泛。在智能优化算法领域，Kim 等将 FLC 用于 GA 交叉概率与变异概率的自适应调整，取得了不错的效果[208]。Chan 等在人工免疫系统(artificial immune system，AIS) 中，利用 FLC 调整迭代过程中超突变率的大小，从而改善了 AIS 的搜索性能[209]。

已有研究通常都是将 FLC 用于算法参数的自适应调整，尚未发现有学者将其用于调整混合优化策略中不同算法生成个体的比例，因此可以考虑将 FLC 引入混合优化策略中。本小节所提出的基于 GA 和 EDA 的混合算法采用并行方式，其基本思路可描述为：每一代种群中包含 P_s 个个体，令 $rate(t) \in [0,1]$，其中 t 为算法迭代次数。在每一代种群中，$P_s \times rate(t)$ 个个体由 EDA 的概率模型产生，$P_s \times (1 - rate(t))$ 个个体由 GA 的交叉和变异操作产生。由于 EDA 具有不错的全局搜索能力，在前期收敛速度快，因此在进化初期设 $rate(t)$ 为 1，即由 EDA 的概率模型生成全部个体，随后根据种群平均适应度值的变化来对 $rate(t)$ 进行动态调整。若种群平均适应度值增大，说明子代种群相比上一代更优，可调大 $rate(t)$ 的取值；若种群平均适应度值变小，则表明子代种群解的质量不如上一代种群，EDA 的优化性能不佳，应适当减小 $rate(t)$ 的取值，更多地使用 GA 的交叉和变异操作生成个体，来增强种群的多样性。

2. 基于人工神经网络的个体评价模型

传统的 SBO 通过仿真方法评价优化算法的解，仿真方法的使用直接影响了 SBO 的运行速度。为了降低 SBO 的计算复杂度，可以将 ANN 的相关理论和方法与基于 GA 和 EDA 的混合算法相结合，建立复杂生产环境下的个体适应度评价模型。如图 3.6 所示，该个体适应度评价模型主要包括两个评价阶段：①运用 ANN

估算种群中的个体适应度，选取具有较好适应度估计值的个体；②通过仿真方法进一步评价所选个体。该评价模型的重点是基于 ANN 的个体适应度估算方法。

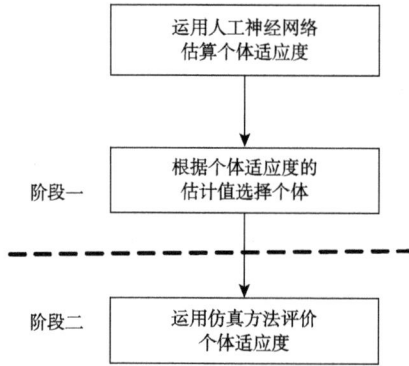

图 3.6　基于 ANN 网络的个体适应度评价模型

ANN 是 20 世纪 80 年代以来人工智能领域兴起的研究热点。ANN 是由大量处理单元互联组成的非线性、自适应信息处理系统，它从结构、实现机理和功能上模拟生物神经网络。ANN 算法种类众多，主要包括感知器神经网络（perceptron neural network）、反向传递网络（back propagation network，BPN）、Hopfield 网络、自组织映射（self-organizing map，SOM）等。其中，BPN 算法在理论上可以逼近任意函数，具有很强的非线性映射能力。因此，个体适应度评价模型可以运用 BPN 网络预测复杂生产环境下调度方案的性能劣化度 D。根据 D 和静态生产环境下的个体（调度方案）适应度值 F_s，个体适应度的估计值 A_d 可以通过式（3.2）计算：

$$A_d = D \times F_s + F_s \qquad (3.2)$$

为了加快仿真算法的运行速度，基于 ANN 的个体适应度评价模型只对具有较好适应度估计值的个体（调度方案）采用仿真方法进行评价。如图 3.7 所示，该评价模型主要包括基于性能劣化度的个体适应度估算和仿真评价两个部分。

（1）基于性能劣化的个体适应度估算：首先，通过蒙特卡罗模拟实验，生成用于预测调度方案性能劣化度的训练样本。训练样本的输入包括与生产调度问题相关的参数（工件数、机器数、机器的平均空闲比率等）和描述不确定事件的随机参数［MTBF、MTTR、平均加工时间变动率等］，训练样本的输出为调度方案的性能劣化度。其次，采用 ANN 对生成的训练样本进行学习，从而建立调度方案性能劣化度的预测模型，根据此模型可以对个体适应度进行估算。

（2）仿真评价：根据基于性能劣化的个体适应度估算结果，选取具有较好适应度估计值的个体，然后使用较为耗时的蒙特卡罗模拟仿真方法进行评价。

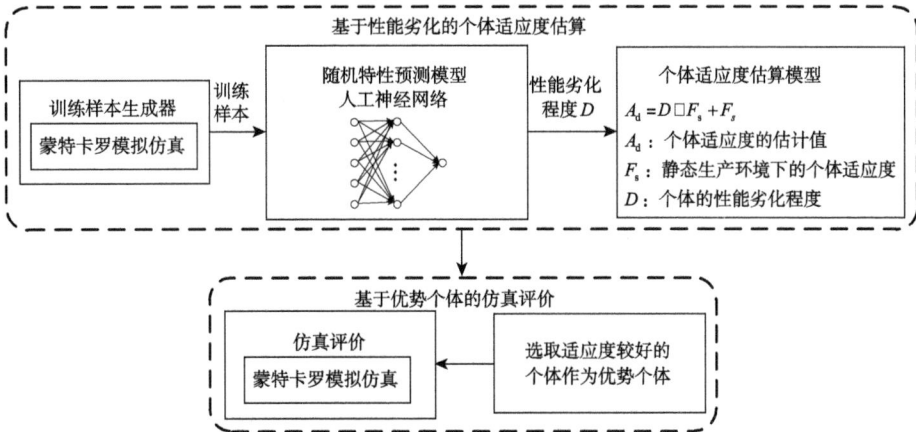

图 3.7　基于性能劣化的个体适应度评价过程

3. 基于混合算法的仿真优化流程

基于 GA 和 EDA 混合算法的仿真优化模型具有以下两个特点：①同时由 GA 与 EDA 生成种群，不同算法生成个体的比例通过模糊逻辑进行动态调整；②考虑到生产过程中的不确定事件，运用基于性能劣化的个体评价模型评价种群中的个体性能。基于 GA 和 EDA 混合算法的仿真优化流程如图 3.8 所示，具体步骤如下。

步骤 1：随机生成规模为 P_s 的初始种群，设置迭代次数 $t=1$，令概率模型 P 中 $p_{ij}=1/n$。

步骤 2：利用基于性能劣化的评价模型对种群中的个体进行评价，选出用于更新 EDA 概率模型的优势个体以及 GA 进行交叉和变异操作的父代个体。

步骤 3：对优势个体的位点信息进行统计，完成概率模型的更新，然后对概率模型进行抽样产生 $\text{rate}(t) \times P_s$ 个体，将这些个体加入下一代种群。其中，$\text{rate}(t)$ 为当代种群中 EDA 生成个体的比例。

步骤 4：对父代个体进行交叉操作和变异操作，共产生 $(1-\text{rate}(t)) \times P_s$ 个个体，将这些个体加入下一代种群中。

步骤 5：新一代种群生成后，计算种群平均适应度值的变化，使用模糊逻辑调整下一次迭代时 EDA 所生成个体的比例 $\text{rate}(t+1)$。

步骤 6：判断是否满足终止条件。若满足终止条件，将当前找到的最好个体作为优化问题的解；否则，$t=t+1$，返回步骤 2。

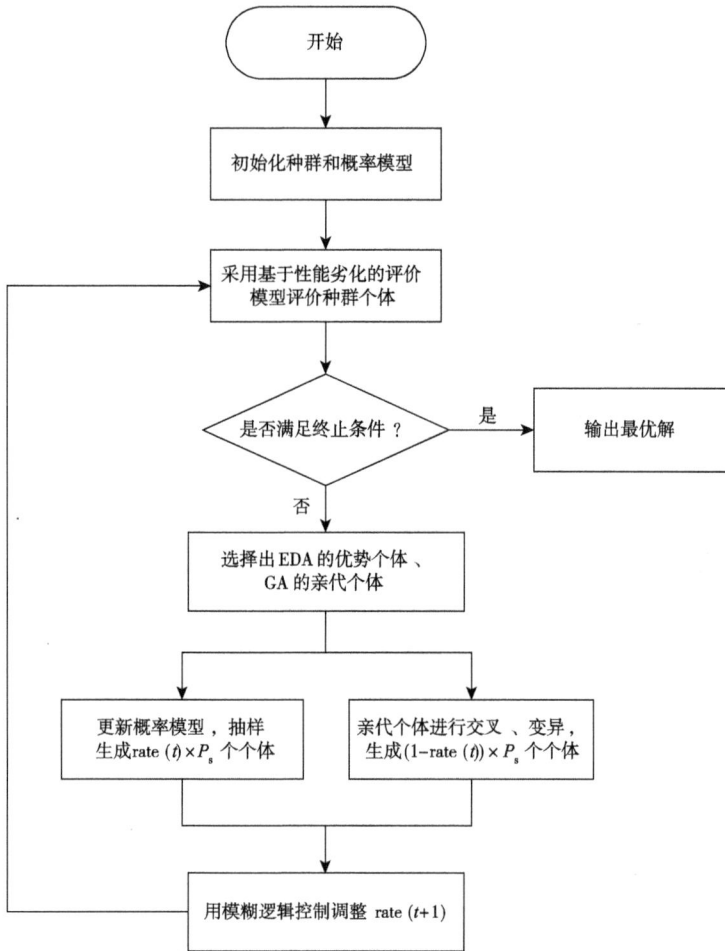

图 3.8　基于混合算法的仿真优化流程

3.5.2　编码

PFSP 的解是一个关于工件排序的序列，根据该序列可得到每个工件在每台机器上的开始加工时间和完工时间。基于工件顺序的编码方式简单实用、便于理解，在已有研究 PFSP 的文献中应用较为广泛，因此采用此方法进行编码。例如，对于工件数为 10 的 PFSP，{1，3，5，2，4，9，8，6，7，10}为该问题的一个解，该解表示最先加工 1 号工件，然后是 3 号工件，以此类推最后是 10 号工件。

3.5.3　种群初始化

初始种群对算法后续的搜索和寻优有着重要的影响。初始解能为算法提供一些关于解空间的信息，多样性的个体有助于算法提高最优解的质量，优秀个体还能给算法提供一个不错的优化起点。诸多研究肯定了初始解的作用。种群初始化产生通常有两种方法:一种是完全随机地生成所有个体,这种方法适用于对优化问题的解无任何先验知识的情况;另一种方法是根据某些先验知识生成一些个体,种群中的其他个体采用随机方法生成,这样产生的初始种群可以加快优化算法的收敛速度。

设初始种群包含 P_s 个个体,为了使基于 GA 和 EDA 的混合算法充分利用解空间的信息,将用随机初始化的方法生成 P_s-1 个个体。考虑到提升算法性能的需要,还将利用经典的启发式方法 NEH 生成 1 个个体。

NEH 算法最早由 Nawaz 等于 1983 年提出,其原理为在同一台机器上,加工时间长的工件应比加工时间短的工件次序靠前,依据此原则逐步加入工件,最终得到优化问题的一个解[33]。NEH 算法的具体流程如下:

步骤 1:计算出每个工件在所有机器上的加工时间之和 T_i,并按 T_i 递减的顺序对工件进行初次排列,得到工件序列 π_0。

步骤 2:从 π_0 中取出前两个工件,求得两个工件在机器上总加工时间最短的排列。

步骤 3:令 $k=3$,将第 k 个工件插入前面已排好工件的所有可能位置上,找到使总完工时间最短的位置,插入该工件得到新的序列。

步骤 4:令 $k=k+1$,返回步骤 3,直到所有工件均已在排列中。此时的工件序列即为使用 NEH 算法得到的最优工件序列。

3.5.4 适应度评价

实际生产过程中的随机干扰因素会使实际调度方案偏离初始调度,使调度性能变差。为了更好地评价复杂生产环境下调度方案的性能,将采用 3.5.1 小节 "2. 基于人工神经网络的个体评价模型"中介绍的基于 ANN 的个体评价模型。BPN 是一种按照误差逆向传播算法训练的多层前馈网络,具有很强的非线性映射能力,能够学习大量的输入—输出模式映射关系,是目前应用最广泛的 ANN 模型之一。因此,基于 GA 和 EDA 的混合算法将使用 BPN 预测调度方案的性能劣化度,并根据式(3.2)计算种群中个体(调度方案)的适应度。如图 3.9 所示,BPN 包含有输入层、输出层和一个隐藏层,相关网络参数设置如下。

·输入:输入为机器数、工件数、机器平均空闲比率、随机建模参数(uncertainty modelling parameters)。其中,机器平均空闲比率为机器开始工作后空闲时间与加工时间的平均比率,而随机建模参数是置换流水车间中用于描述机器随机特性的相关参数。关于随机建模参数的详细解释请参见 4.2.1 小节和 4.3.1 小节。

·隐藏层层数:1。为了简化 BPN 结构,减少网络的训练时间,用于预测个体性能劣化度的 BPN 只有 1 个隐藏层。

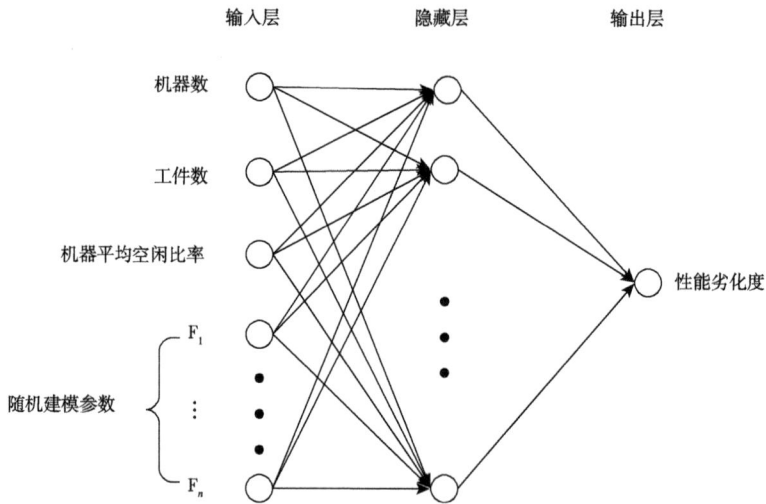

图 3.9 BPN 网络结构示意图

·隐藏层神经元数：2~20。隐藏层神经元数目对 BPN 网络性能的影响很大。如果神经元数目过少，容错性差；如果神经元数目过多，可能会出现过度拟合的问题。对于如何选取最优的隐藏层神经元数，目前还没有完善的理论，通常可以采用试误（trial and error）法：首先分别构建多个具有不同数目神经元的 BPN，然后利用同样的训练样本对这些 BPN 进行训练，均方误差（mean square error，MSE）最小的 BPN 所对应的神经元数将作为隐藏层神经元数。

·输出：输出为个体性能劣化度 PD。对于一个个体（调度方案），可以分别在静态生产环境下和复杂生产环境下分别计算其 makespan，即 M_{PS} 和 M_{AS}，然后根据式（3.3）计算个体的 PD：

$$PD = M_{AS}/M_{PS} - 1 \tag{3.3}$$

·训练次数：100。BPN 的性能依赖于网络的初始条件，这里将选取不同的初始条件，对特定结构的 BPN 训练 100 次。

·训练样本：遍历 BPN 的典型输入，构建多个复杂生产环境下的 PFSP。对于每个 PFSP，在静态生产环境下和复杂生产环境下分别进行优化求解，最后根据式（3.3）得到 BPN 的输出 PD。

基于 GA 和 EDA 的混合算法将分别构建具有不同数目神经元的 BPN，并通过试误法选出最优的 BPN 用于个体适应度值的估算。为了降低的计算复杂度，该混合算法只从种群中选取具有较好适应度估计值的个体，然后使用较为耗时的蒙特卡罗模拟仿真方法进行评价。

3.5.5　选择操作

对于种群中优势个体的选择，先利用最优个体保存策略，将当代种群中的最优个体保留下来，然后对剩下的个体使用轮盘赌法进行选择，直到得到足够数量的个体。这些个体包括 EDA 进行概率模型更新的优势群体和 GA 进行交叉、变异操作的父代个体。

轮盘赌方法根据个体适应度值的大小来选择个体。对于给定规模为 P_s 的种群，第 h 个个体的选择概率 $p(\mathrm{Ind}(h))$ 可定义为

$$p(\mathrm{Ind}(h)) = \frac{\mathrm{Fit}(\mathrm{Ind}(h))}{\sum\limits_{h=1}^{P_s} \mathrm{Fit}(\mathrm{Ind}(h))} \quad , \quad h = 1, 2, \cdots, P_s \quad (3.4)$$

其中，$\mathrm{Ind}(h)$ 为种群中的第 h 个个体；$\mathrm{Fit}(\mathrm{Ind}(h))$ 为 $\mathrm{Ind}(h)$ 的适应度值。

根据式（3.4），种群中个体的累积选择概率为 $q\big(\mathrm{Ind}(k)\big) = \sum\limits_{h=1}^{k} p\big(\mathrm{Ind}(h)\big)$。轮盘赌方法将累积概率与[0, 1]之间服从均匀分布的随机数 r 相比较。若 $r \leqslant q\big(\mathrm{Ind}(1)\big)$，则选择个体 $\mathrm{Ind}(1)$；若 $q\big(\mathrm{Ind}(k-1)\big) < r < q\big(\mathrm{Ind}(k)\big)$，则选择个体 $\mathrm{Ind}(k)\big(2 \leqslant k \leqslant \mathrm{Ind}(k)\big)$。显然，适应度值高的个体被选中的概率较大。

3.5.6　概率模型的构建

概率模型的构建是 EDA 的核心部分，它指导着 EDA 在解空间上的搜索，其精准度影响着算法的优化性能。此外，概率模型的抽样操作也在很大程度上决定着 EDA 的计算复杂度。PFSP 是一个经典的组合优化问题，我们将采用 $n \times n$ 矩阵 $\boldsymbol{P}$ 作为概率模型。在这个矩阵中，p_{ij} 描述的是工件 j 在解序列中的第 i 个位点上及以前位置上出现的概率。其中，$i, j \in \{1, 2, \cdots, n\}$，$n$ 为工件数。因此，p_{ij} 能够描述优秀个体中工件加工的先后次序。具体而言，p_{ij} 的值越大，说明优秀个体中工件 j 更多地出现在 i 位点及 i 位点之前；反之，则优秀个体中工件 j 很少出现在 i 位点及 i 位点之前。由于 EDA 使用概率模型生成新一代种群，因此种群在进化过程中将会尽可能考虑工件在不同位点上出现的概率。

在求解 PFSP 时，通常无法预先搜集先验信息，因此在概率模型初始化时可以认为各位点上工件的优先次序相同，即 $p_{ij} = 1/n$，之后每一次迭代时将根据优势群体中个体在各位点上的信息来更新概率模型。通过给概率模型设置学习速率，EDA 中概率模型的更新方式如下[210]：

$$p_{ij}(l+1) = (1-\alpha)p_{ij}(l) + \frac{\alpha}{i \times \mathrm{SP\_size}} \sum_{k=1}^{\mathrm{SP\_size}} I_{ij}^{k} \quad , \quad \forall i, j \quad (3.5)$$

其中，l 为迭代次数；SP_size 为算法所选择的优势个体数量；α 为概率模型的学习速率；I_{ij}^k 用于描述优势群体中第 k 个个体中工件的分布特征，其定义如下：

$$I_{ij}^k = \begin{cases} 1, & \text{若工件} j \text{在解的第} i \text{位上或之前出现} \\ 0, & \text{其他} \end{cases} \quad (3.6)$$

当概率模型完成更新后，将通过采样方法生成新一代种群。在基于 GA 和 EDA 的混合算法中，概率模型将按顺序依次对解序列中的 n 个位点分别进行采样。首先对第一个位点以轮盘赌的方式选择一个工件，已选择的工件在概率矩阵其他位点出现的概率将被重置为 0，不断重复以上操作直到将所有工件分配到相应的位点上，这样就得到了一个新的个体。在对概率模型进行多次采样后，新的种群就生成了。

3.5.7 交叉操作

除了使用 EDA 的概率模型生成个体外，混合算法还通过 GA 的交叉和变异操作来生成新的个体。交叉算子的选择有多种，混合算法使用次序保留交叉算子，其操作过程为，从父代个体中随机选择部分基因作为保留基因，子代个体首先将某一父代个体的保留基因复制到相应位置，而剩下的基因则按另一父代个体的排列方式依次分配到子代个体中。例如，父代个体{2, 3, 5, 1, 4, 9, 8, 6, 7, 10}和{1, 2, 4, 5, 6, 7, 8, 3, 9, 10}的保留基因为{4, 9, 8, 6}，则首先得到子代个体{ , , , 4, 9, 8, 6, , }和{ , , 4, , 6, , 8, , 9, }，然后将剩下的基因按另一父代个体中的顺序依次加入子代个体中，最终可得到子代个体{1, 2, 5, 7, 4, 9, 8, 6, 3, 10}和{2, 3, 4, 5, 6, 1, 8, 7, 9, 10}，具体过程如图 3.10 所示。

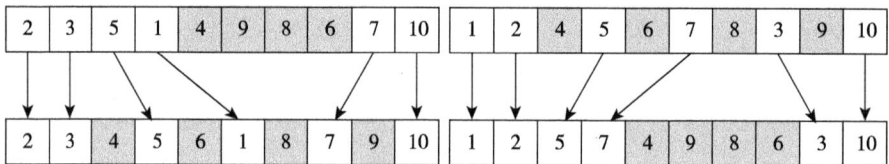

图 3.10　次序保留交叉算子

3.5.8 变异操作

对于以工件顺序编码的 PFSP，混合算法使用移码变异算子（shift move mutation）进行变异操作。该变异算子首先随机选择两个位点，然后将其中一个位点的工件插入另一位点工件之后。例如，对个体{6, 8, 9, 10, 7, 4, 3, 1, 2, 5}进行移码变异操作，随机选择{7, 8}这两个位点进行变异，变异后个体为{6, 9,

10，7，8，4，3，1，2，5}，具体过程如图 3.11 所示。

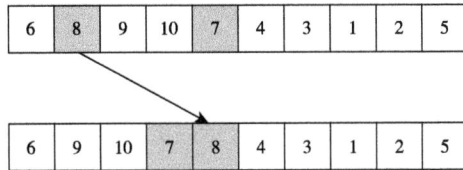

| 6 | 8 | 9 | 10 | 7 | 4 | 3 | 1 | 2 | 5 |

| 6 | 9 | 10 | 7 | 8 | 4 | 3 | 1 | 2 | 5 |

图 3.11　移码变异算子

3.5.9　利用模糊逻辑动态控制种群个体比例

FLC 理论起源于控制领域。在对不确定、非线性的复杂系统研究中，学者发现系统各事物的属性、相互关系、作用因素和人的理解与决策均具有一定的模糊性，通常难以用一个确定的值或者区间来描述。因此，传统的精确数学模型无法对复杂系统进行有效的控制。为了对这些不精确、定性的信息进行处理，Zadeh 于 1975 年提出了模糊理论[211]。模糊理论的基础是模糊集合与模糊逻辑。与各元素界定明晰的经典集合不同，模糊集合利用隶属度函数来描述各元素以及介于各元素之间的中间状态。模糊逻辑是对人类基于知识、经验、直觉的决策方式的模拟，它在模糊集合组成的前提下根据模糊判断规则（fuzzy decision rule）推导出结论，该结论也是一个模糊集合，最后对结论进行分析处理，即可得到最终的控制或决策方式。

模糊逻辑控制器主要包括三个组成部分——模糊器、模糊判断规则与模糊推理机、解模糊器。下面分别对这三个组成部分进行简单介绍。

1. 模糊器

精确的模糊输入量需要利用模糊器转化为模糊变量。模糊器的核心是隶属度函数（membership function）。隶属度函数有着明确的函数形式，它给模糊集合中每个元素赋予一定的隶属度，隶属度落在[0，1]区间内，隶属度为 0 表示完全不属于，隶属度为 1 则是完全属于，0 和 1 之间用以表示无法明显区分的中间状态，也是模糊性的一种体现。隶属度函数的选取影响着整个模糊控制器的性能，其形式有多种。隶属度函数曲线形状越平缓，模糊控制系统的输出量就越稳定，曲线形状越陡峭，输出量的变化就越大，系统控制就越灵敏。在选择隶属度函数时要考虑所应用的具体情形，隶属度函数的每个模糊变量应有明确的界限，并且要覆盖整个模糊变量的变化范围。隶属度函数的构建方式分为两类，一类是通过领域专家来指定，另一类是通过搜集数据进行统计分析来确定。

2. 模糊判断规则与模糊推理机

FLC 的关键在于模糊推理，而模糊推理的基础是模糊判断规则。在构建模糊推理机时，通过对模糊判断规则的设置可以使模糊控制器按设计者的意图来实现有效的控制。模糊判断规则有多种类型，其中以 Mamdani 提出的 IF-THEN 规则最为常用[212]，其判断过程如下所示：

$$\text{IF}（x \text{ is } A \text{ and } y \text{ is } B）\text{THEN}（z \text{ is } C）$$

其中，x 和 y 为模糊输入量；z 为模糊输出量；A、B 和 C 为 x、y、z 所隶属的模糊变量值。

3. 解模糊器

模糊推理机得到的模糊输出量不能直接用于调整 GA 和 EDA 生成个体的比例，而是要先对其进行去模糊化的操作，转化为一个确定的量。常用的去模糊化方法有最大隶属度法、重心法以及中心加权平均法。最大隶属度法是选取隶属度最大的值作为输出量的解模糊值，重心法则是以模糊输出量所涵盖区域的重心所对应的值为解模糊值，中心加权平均法则是以隶属度为权重得到输出量的解模糊值。

基于 GA 和 EDA 的混合算法利用 FLC 来调整 GA 和 EDA 生成个体的比例。对于初始种群，EDA 生成个体的比例设为 1，每一次迭代时需要计算出种群平均适应度值的变化，以当代种群平均适应度值的变化量 $\Delta aver(t)$ 和上一代种群平均适应度值的变化量 $\Delta aver(t-1)$ 作为模糊输入量。若 $\Delta aver(t-1)$ 和 $\Delta aver(t)$ 均为负，说明子代种群解的质量不如上一代种群，EDA 的优化性能不佳，应适当增加 GA 生成个体的比例，即通过交叉和变异操作来生成更多的个体，以保持种群的多样性；若 $\Delta aver(t-1)$ 和 $\Delta aver(t)$ 均为正，则说明子代种群优于上一代种群，因此可以适当增加 EDA 生成个体的比例。混合算法所使用模糊逻辑控制器的简要流程如图 3.12 所示，其基本步骤如下。

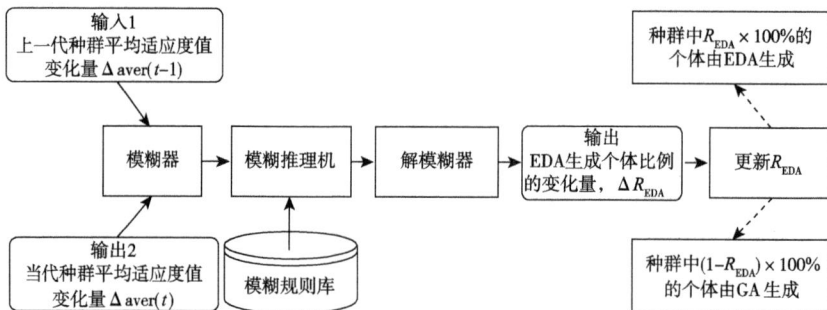

图 3.12　模糊逻辑控制器

（1）以当代种群平均适应度值的变化量 $\Delta aver(t)$ 和上一代种群平均适应度值的变化量 $\Delta aver(t-1)$ 作为模糊输入量（fuzzy input）。$\Delta aver(t)$ 和 $\Delta aver(t-1)$ 的计算

公式如下：

$$\Delta aver(t) = \frac{\sum_{k=par\_size+1}^{par\_size+off\_size} fit(k,t)}{off\_size} - \frac{\sum_{k=1}^{par\_size} fit(k,t)}{par\_size} \qquad (3.7)$$

$$\Delta aver(t-1) = \frac{\sum_{k=par\_size+1}^{par\_size+off\_size} fit(k,t-1)}{off\_size} - \frac{\sum_{k=1}^{par\_size} fit(k,t-1)}{par\_size} \qquad (3.8)$$

其中，off_size 为子代种群规模；par_size 为父代种群规模；$fit(k,t-1)$ 为上一代种群中第 k 个个体的适应度值；$fit(k,t)$ 为当代种群中第 k 个个体的适应度值。

（2）对模糊输入量 $\Delta aver(t)$ 和 $\Delta aver(t-1)$ 进行标准化，使之落在[−1.0，1.0]内。标准化所采用的公式如下：

$$-1 + \frac{\Delta aver(t) - \min(\Delta aver(t))}{\max(\Delta aver(t)) - \min(\Delta aver(t))} \times 2 \qquad (3.9)$$

（3）根据隶属度函数确定输入量 $\Delta aver(t)$、$\Delta aver(t-1)$ 所对应的模糊变量。所选取的输入变量和输出变量的隶属度函数共有 9 个模糊变量，分别是 NR（negative larger）、NL（negative large）、NM（negative medium）、NS（negative small）、ZS（zero）、PS（positive small）、PM（positive medium）、PL（positive large）和 PR（positive larger）。输入量的隶属度函数如图 3.13 所示。

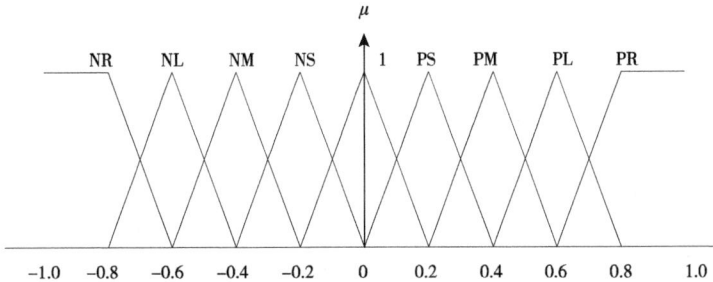

图 3.13　输入量的隶属度函数

（4）得到 $\Delta aver(t-1)$ 和 $\Delta aver(t)$ 所属的模糊变量后，结合模糊判断规则确定模糊输出量。基于 GA 和 EDA 的混合算法所使用的模糊判断规则如表 3.1 所示。由于模糊器有 $\Delta aver(t-1)$ 和 $\Delta aver(t)$ 两个输入量，而每个输入量模糊化后有 9 个不同的模糊变量，因此共有 9×9=81 条模糊判断规则。

表 3.1 模糊判断规则

$\Delta aver(t)$	$\Delta aver(t-1)$								
	NR	NL	NM	NS	ZE	PS	PM	PL	PR
NR	NR	NL	NL	NM	NM	NS	NS	ZE	ZE
NL	NL	NL	NM	NM	NS	NS	ZE	ZE	PS
NM	NL	NM	NM	NS	NS	ZE	ZE	PS	PS
NS	NM	NM	NS	NS	ZE	ZE	PS	PS	PM
ZE	NM	NS	NS	ZE	ZE	PS	PS	PM	PM
PS	NS	NS	ZE	ZE	PS	PS	PM	PM	PL
PM	NS	ZE	ZE	PS	PS	PM	PM	PL	PL
PL	ZE	ZE	PS	PS	PM	PM	PL	PL	PR
PR	ZE	PS	PS	PM	PM	PL	PL	PR	PR

（5）模糊逻辑控制器的输出为用 EDA 生成个体比例的变化量 ΔR_{EDA}。结合图 3.14 中输出量的隶属度函数,对模糊输出量进行去模糊化操作(defuzzification),可以得到用于个体比例调控的解模糊值 ΔR_{EDA}。

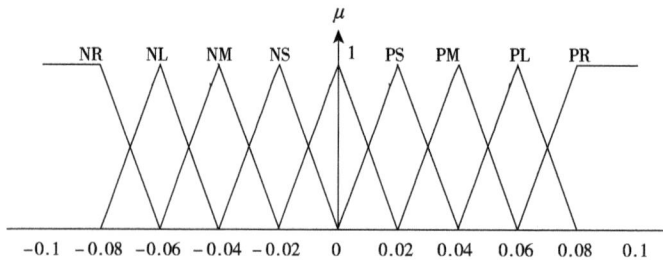

图 3.14 输出量的隶属度函数

（6）根据式（3.10）,可以得到下一代种群中用 EDA 生成个体的比例 $R_{EDA}(t+1)$。因此,下一代种群中 $R_{EDA}(t+1) \times 100\%$ 的个体由 EDA 的概率模型生成个体,而 $[1-R_{EDA}(t+1)] \times 100\%$ 的个体由 GA 的交叉和变异操作生成。

$$R_{EDA}(t+1) = \begin{cases} \min(R_{EDA}(t) + \Delta R_{EDA}, 1), & \text{当 } \Delta R_{EDA} \geqslant 0 \\ \max(R_{EDA}(t) + \Delta R_{EDA}, 0), & \text{当 } \Delta R_{EDA} < 0 \end{cases} \quad （3.10）$$

3.6　本章小结

对于复杂生产环境下的 PFSP，本章采用混合优化的思想，详细介绍了 GA 和 EDA 的仿真优化方法。该方法充分发挥了 GA 和 EDA 各自的优势，具有较好的全局搜索和局部搜索能力，而且计算复杂度较低。

基于 GA 和 EDA 的仿真优化算法采用并行结构，每一次迭代使用 GA 和 EDA 分别产生一定比例的个体，不同算法生成个体的比例通过 FLC 进行自适应调整。此外，该仿真优化算法运用 BPN 预测种群中个体的性能劣化度，然后根据性能劣化度估算个体（调度方案）性能，这可以有助于降低仿真优化算法的计算复杂度。

第4章　复杂生产环境下基于仿真优化策略的置换流水车间调度

4.1　引　　言

第3章介绍的仿真优化策略采用混合优化的思想，同时使用 GA 与 EDA 生成种群中的个体，不同算法生成个体的比例由模糊逻辑进行动态控制。为了更好地模拟实际生产环境，该混合算法还采用 ANN 的相关理论与方法，对复杂生产环境下种群中的个体进行评价，以降低仿真优化算法的计算复杂度。

为了验证该仿真优化策略的有效性，本章将分别对以下三类 PFSP 进行优化求解。

（1）考虑机器故障的 PFSP。

（2）考虑加工时间变动的 PFSP。

（3）考虑机器故障和加工时间变动的 PFSP。

对于以上三类 PFSP，实验测试均由三个部分组成：①构建用于预测调度方案性能劣化度的 BPN；②运用正交实验设计确定基于 GA 和 EDA 的混合算法的关键参数取值；③对基于仿真优化策略的混合算法进行性能分析。基于仿真优化策略的混合算法使用 Matlab R2012b 编程实现。该算法的运行环境如下：CPU 为 Intel® Core™ i5 2.60 GHz，内存为 3.15G，操作系统为 Win7。为了方便比较不同算法的优化性能，选取置换流水车间的 Taillard 标准测试集来设计复杂生产环境下的置换流水车间调度算例。

4.2　考虑机器故障的置换流水车间仿真优化调度

4.2.1　问题描述

为了简化优化调度模型，PFSP 的相关研究通常只考虑静态、无干扰的生产环境。然而置换流水车间的实际生产过程存在着大量不确定事件，其中机器故障是最常见的一类动态扰动事件。在调度的执行过程中，机器工作时可能发生随机故障，并在故障后被及时修复。用于描述机器故障的随机建模参数为 MTTR 和故障率（breakdown level，BL）。MTTR 为从机器出现故障到维修结束之间的这段修复时间的平均值，MTTR 越短表示机器的易恢复性越好。BL 为机器故障停机时间与机器应开动时间的百分比，即 BL=MTTR/（MTTR+MTBF），其中 MTBF 为每两次相邻故障之间的平均间隔时间；BL 越小，则机器的可靠性越高。

考虑机器故障的 PFSP 可以描述为确定 n 个待加工工件在 m 台机器上的加工次序，使得某个或多个调度指标达到最优。在 PFSP 中，每个工件都要在 m 台机器上进行加工，且所有工件在不同机器上的加工顺序完全相同。对于传统的 PFSP，当 $m \geqslant 3$ 时已属于 NP 完全问题。如果再考虑可能发生的机器故障，该调度问题将更加难于求解。

出于简化研究问题的考虑，对考虑机器故障的 PFSP 做出如下假设：

假设 3.1~假设 3.6。

假设 4.1：每台机器具有相同的 MTTR 和 BL。

假设 4.2：机器发生故障后，修复时间服从期望为 MTTR 的指数分布。

假设 4.3：同一台机器两次故障间隔时间服从期望为 MTBF 的指数分布。

假设 4.4：除机器故障外，置换流水车间的生产过程不受其他随机事件的影响。

为了便于对优化问题进行描述，定义以下符号：

k：机器序号，$1 \leqslant k \leqslant m$

j：工件序号，$1 \leqslant j \leqslant n$

Ω：所有工件的集合

$\pi = (\pi_1, \pi_2, \cdots, \pi_n)$：待加工工件的序列，其中 $\pi_i \in \Omega$（$i=1,2,\cdots,n$）为序列中的第 i 个工件

$EP(\pi_i, k)$：工件 π_i 在机器 k 上的预期加工时间，$1 \leqslant i \leqslant n$，$1 \leqslant k \leqslant m$

$TTR(\pi_i, k)$：当工件 π_i 在机器 k 上加工时，机器出现故障后所需修复时间，$1 \leqslant i \leqslant n$，$1 \leqslant k \leqslant m$

$C(\pi_i, k)$：工件 π_i 在机器 k 上的完工时间，$1 \leqslant i \leqslant n$，$1 \leqslant k \leqslant m$

$$F(\pi_i, k): \quad F(\pi_i, k) = \begin{cases} 1, & \text{当工件}\pi_i\text{在机器}k\text{上加工时，机器发生故障} \\ 0, & \text{否则} \end{cases}$$

考虑机器故障的 PFSP 以最小化 makespan 为优化目标，其数学模型如式（3.1）所示。相关约束方程如下：

$$C(\pi_1, 1) = EP(\pi_1, 1) + F(\pi_1, 1) \times TTR(\pi_1, 1) \tag{4.1}$$

$$C(\pi_1, k) = C(\pi_1, k-1) + EP(\pi_1, k) + F(\pi_1, k) \times TTR(\pi_1, k), \quad k = 2, 3, \cdots, m \tag{4.2}$$

$$C(\pi_i, 1) = C(\pi_{i-1}, 1) + EP(\pi_i, 1) + F(\pi_i, 1) \times TTR(\pi_i, 1), \quad i = 2, 3, \cdots, n \tag{4.3}$$

$$C(\pi_i, k) = \max(C(\pi_{i-1}, k), C(\pi_i, k-1)) + EP(\pi_i, k) + F(\pi_i, k) \times TTR(\pi_i, k), \tag{4.4}$$
$$i = 2, 3, \cdots, n; k = 2, 3, \cdots, m$$

其中，式（4.1）和式（4.2）分别为待加工工件序列 π 中的第一个工件在第一台机器和其他机器上的完工时间，式（4.3）和式（4.4）分别为待加工工件序列 π 中的剩余工件在第一台机器和其他机器上的完工时间。

4.2.2 考虑机器故障的仿真优化调度模型

第 3 章提出的仿真优化调度模型具有较好的可扩展性。当使用此模型求解复杂生产环境下的 PFSP 时，只需根据不确定事件的类型确定描述事件的随机建模参数，并根据根据这些参数构建个体评价模型即可。

实际生产过程中的机器故障会使实际调度方案偏离初始调度，使调度性能变差。考虑机器故障的仿真优化调度模型将采用 3.5.4 小节中的 BPN 网络预测调度方案的性能劣化度，从而对种群中的个体进行评价。如图 4.1 所示，BPN 的输入包括机器数、工件数、机器的平均空闲比率、MTTR 和平均故障率。用于构建 BPN 的训练样本可根据 3.5.4 小节中介绍的方法生成。

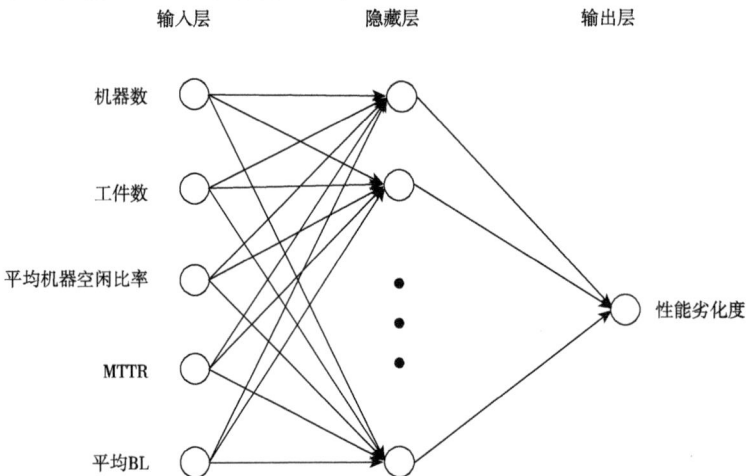

图 4.1 考虑机器故障的 BPN 网络结构

为了对仿真优化模型的有效性进行评价，将通过蒙特卡罗仿真方法模拟置换流水车间的实际生产调度过程。当机器发生故障时，仿真算法将采用右移重调度重新生成调度方案。考虑机器故障的调度仿真算法和机器故障处理算法分别如专栏 4.1 和专栏 4.2 所示。其中，相邻故障间隔时间和故障修复时间均服从指数分布。

专栏 4.1　考虑机器故障的调度仿真算法

　　1. 初始化。

　　（1）为每台机器 M_k 分别设置 $MTTR_k$ 和 BL_k。

　　（2）根据每台机器 M_k 的 $MTTR_k$ 和 BL_k，计算相邻两次故障的平均间隔时间，即 $MTBF_k = MTTR_k / BL_k - MTTR_k$。

　　（3）随机生成 TBF_k 作为机器 M_k 此次故障与下次故障的时间间隔。该随机数 TBF_k 服从均值为 $MTBF_k$ 的指数分布，即 $TBF_k = Exp(MTBF_k)$。

　　（4）令每台机器的累积无故障时间 $APT_k = 0$。

　　2. 仿真预热（warm up）。

　　（1）为每台机器 M_k 分配 100 个工件，每个工件完成加工后不再需要在其他机器上进行加工。

　　（2）对于每台机器 M_k，根据工件的加工顺序计算该机器的累积无故障时间 APT_k。

　　（3）如果 APT_k 小于 TBF_k，返回步骤（2）。

　　（4）运行机器故障处理算法，模拟机器故障后的修复过程。

　　（5）重复步骤（2）~步骤（4），直到每台机器完成所有工件的加工。

　　3. 考虑机器故障的仿真调度。

　　（1）找出每台机器上尚未加工的工件。

　　（2）当工件在机器 M_k 上进行加工时，计算该机器的累积无故障时间 APT_k。

　　（3）如果 APT_k 小于 TBF_k，返回步骤（2）。

　　（4）运行机器故障处理算法，模拟机器故障后的修复过程。

　　（5）重复步骤（2）~步骤（4），直到所有工件在最后一台机器上完成加工。

　　（6）返回考虑机器故障的 makespan。

专栏 4.2　机器故障处理算法

　　1. 随机生成 TTR_k 作为机器 M_k 发生故障后的修复时间。该随机数 TTR_k 服从均值为 $MTTR_k$ 的指数分布，即 $TTR_k = Exp(MTBF_k)$。机器 M_k 发生故障后，将在经历修复时间 TTR_k 后重新开始加工工件。

　　2. 考虑故障机器的修复时间 TTR_k，更新分配到故障机器 M_k 上工件的完工时间。

3. 令机器 M_k 的累积无故障时间 $\text{APT}_k = 0$。

4. 随机生成 TBF_k 作为机器 M_k 此次故障与下次故障的时间间隔。该随机数 TBF_k 服从均值为 MTBF_k 的指数分布，即 $\text{TBF}_k = \text{Exp}(\text{MTBF}_k)$。

4.2.3　实验结果与分析

1. 实验设计

实验测试共分为三个部分：①构建用于估计调度方案性能劣化度的 BPN 网络；②确定混合算法中关键参数的取值；③通过与基于固定比例的混合算法、EDA 和 GA 的性能比较，验证基于仿真优化策略的混合算法的有效性。

为了验证仿真优化策略的优化性能，如专栏 4.1 和专栏 4.2 所示，选取基于置换流水车间 Taillard 的标准测试集进行测试。为了模拟置换流水车间生产过程中的机器故障，每台机器的 BL 服从区间[0.01, 0.1]上的均匀分布，机器故障后的 MTTR 为工件平均加工时间。为了避免算法的随机性带来的误差，将使用相关优化算法对每个 PFSP 求解 20 次。

2. 构建 BPN 网络

为了降低仿真优化策略的计算复杂度，首先需要构建考虑机器故障条件下用于预测调度方案性能劣化度的 BPN 网络，其次根据该网络的输出计算种群中个体的适应度值，最后使用较为耗时的蒙特卡罗模拟仿真方法对性能较好的个体做进一步的评价。

考虑机器故障时，BPN 的输入包括机器数、工件数、机器的平均空闲比率、MTTR 和平均故障率。用于生成训练样本的典型输入值如表 4.1 所示。通过遍历表 4.1 中所有 BPN 输入值的组合，共生成 6 250（5×5×5×10×5 = 6 250）个训练样本。

表 4.1　考虑机器故障的 BPN 输入

输入	取值
机器数	5, 10, 15, 20, 25
工件数	20, 70, 120, 170, 220
平均空闲比率	0.25, 0.30, 0.35, 0.40, 0.45
平均故障率	0.01, 0.02, …, 0.1
MTTR	0.5AP[1], AP, 1.5AP, 2AP, 2.5AP

1）AP 为工件的平均加工时间

根据 3.5.4 小节介绍的方法生成 BPN 训练样本。为了确定隐藏层中最优的神经元数，采用试误法构建多个具有不同数量神经元的 BPN，然后利用训练样本分别进行训练，最后选取均方误差最小的 BPN 用于预测个体（调度方案）的性能劣化度。图 4.2 描述了不同 BPN 的均方误差与隐藏层中神经元数量之间的关系。从图 4.2 中可以看出，最优神经元数为 10，相应地具有最优神经元数的 BPN 网络可用于估计种群中个体的性能劣化度。

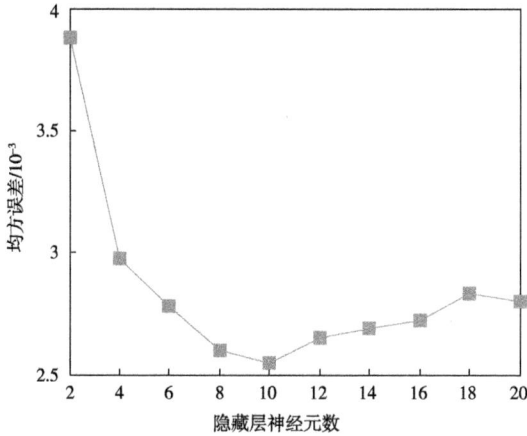

图 4.2　考虑机器故障的 BPN 均方误差

3. 确定混合算法的关键参数取值

基于 GA 和 EDA 的混合算法的参数设置对其优化性能有着重要影响。该混合算法的关键参数包括种群规模 P_s、EDA 优势群体比例 α、EDA 概率模型学习速率 β、交叉概率 P_c、变异概率 P_m 和算法迭代次数 T。由于在混合算法中令 $P_c=1$，因此只需确定其余五个关键参数的取值。确定最优参数值组合的方法有多种，较为常用的方法包括全因子实验设计和正交实验设计。

为了确定参数取值的最佳组合，传统的全因子实验设计将每一个因素的不同水平组合进行实验。该方法可以准确地估计各实验因素的主效应的大小，还可估计因素之间各级交互作用效应的大小，其最大缺点是需要处理大量的实验组合，当所考察的实验因素和水平较多时效率较低。因此，全因子实验设计的实用性较差。

正交实验设计由日本著名的统计学家田口玄一首先提出，该方法利用正交表来设计实验方案。在多因素多水平的实验设计中，正交实验设计利用组合数学的思想，从全面实验中选取具有代表性的组合进行实验。这些组合具有"均匀分散，齐整可比"的特点，有效地减少了实验次数。正交实验设计能分析各因素对实验的影响水平并进行排序，从而得到最优的参数选择方案，是一种高效、快速、经济的实验设计方法，目前在很多领域的研究中已经得到了广泛应用。因此，基于 GA 和 EDA 的混合算法采用正交实验设计来确定算法关键参数（种群规模 P_s、算法迭代次数 T、EDA 优势群体比例 α、EDA 概率模型学习速率 β 和交叉概率 P_c）的取值。

为了探讨关键参数对混合算法性能的影响，表 4.2 给出了参数 P_s、T、α、β、P_m 的典型取值，每个参数均含有 4 个不同的水平。对于这样一个五因素四水平的实验，按照全因子实验设计需要进行 $4^5=1\ 024$ 种组合的实验。若按 $L_{16}(4^5)$ 正交表设计实验，只需进行 16 次实验，大大减少了工作量。如表 4.3 所示，本小节采用 $L_{16}(4^5)$ 的正交表设计实验，以 50×10（工件数×机器数）作为实验算例。针对正交表中的每种参数组合，分别用混合算法求解实验算例 10 次，并取 makespan 的平均值作为实验评价指标。

表 4.2　混合算法的参数水平

参数	水平			
	1	2	3	4
种群规模	100	200	300	400
迭代次数	100	200	300	400
优势群体比例	0.10	0.15	0.20	0.25
概率模型学习速率	0.6	0.7	0.8	0.9
变异概率	0.05	0.1	0.15	0.2

表 4.3　$L_{16}(4^5)$ 正交表

参数组合	参数水平				
	种群规模	优势群体比例	概率模型学习速率	变异概率	迭代次数
1	1	1	1	1	1
2	1	2	2	2	2
3	1	3	3	3	3
4	1	4	4	4	4
5	2	1	2	3	4
6	2	2	1	4	3
7	2	3	4	1	2
8	2	4	3	2	1
9	3	1	3	4	2
10	3	2	4	3	1

参数组合	参数水平				
	种群规模	优势群体比例	概率模型学习速率	变异概率	迭代次数
11	3	3	1	2	4
12	3	4	2	1	3
13	4	1	4	2	3
14	4	2	3	1	4
15	4	3	2	4	1
16	4	4	1	3	2

表 4.4 给出了参数 P_s、T、α、β、P_m 的响应值。从表 4.6 中可知，EDA 优势群体比例 α 的极差最大，它对混合算法的性能影响最大，其次依次是算法迭代次数 T、种群规模 P_s、EDA 概率模型学习速率 β 和变异概率 P_m。P_s 和 T 过大会增加混合算法的计算成本，过小则容易使混合算法陷入局部最优。EDA 优势群体比例 α 和 EDA 概率模型学习速率 β 决定了使用概率模型所生成个体的性能。变异概率 P_m 对混合算法性能的影响最小，但合理的参数设置仍有助于提高混合算法的优化性能。

表 4.4 混合算法的关键参数响应值

水平	种群规模	迭代次数	优势群体比例	概率模型学习速率	变异概率
1	755.9	757.3	752.3	754.5	752.1
2	753.0	752.3	749.8	752.0	751.8
3	751.0	750.6	751.5	751.7	752.8
4	750.7	750.3	756.9	752.4	753.8
极差	5.3	7.0	7.2	2.8	2.0
等级	3	2	1	4	5

图 4.3 描述的是所考察参数的每个水平与 makespan 平均值之间的关系。从图 4.3 中可以看出，混合算法的优化性能随着群规模 P_s 的增加而逐渐提高，当种群规模为 300 和 400 时算法性能的差异很小。为了减少计算开销，最优的种群规模 P_s=300。类似地，最优的迭代次数 T=300。对于其他参数的取值，可根据平均 makespan 来确定，即最优的优势群体比例 α、概率模型学习速率 β、变异概率 P_m 分别为 0.15、1.0、0.10。

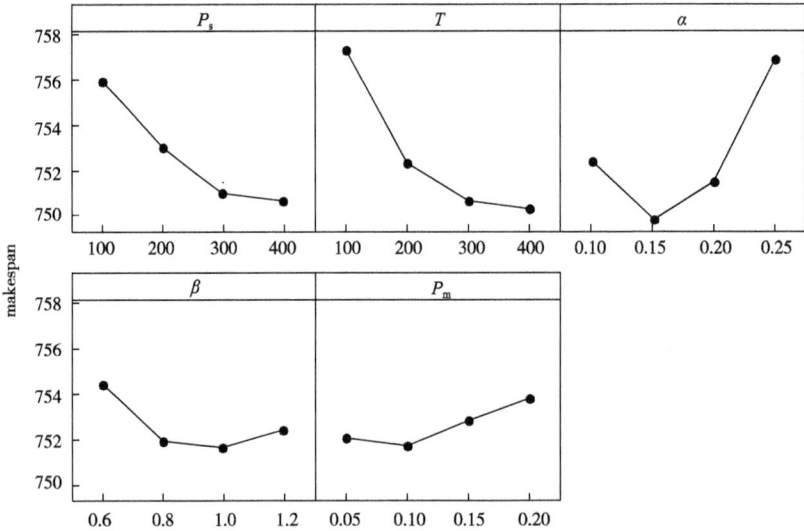

图 4.3　参数不同水平对混合算法性能的影响

4. 算法性能分析

为了验证基于 GA 和 EDA 的混合算法的有效性，本小节在考虑机器故障的情况下将其与基于固定比例的混合算法、EDA 和 GA 进行性能比较。与第 3 章提出的基于模糊逻辑的混合算法类似，基于固定比例的混合算法同时采用 GA 和 EDA 生成个体，只是不同算法生成个体的比例是事先确定的，不会随着进化过程进行自适应调整。在本实验中，为了更加公平地比较不同算法的优化性能，基于模糊逻辑的混合算法、基于固定比例的混合算法、EDA 和 GA 所共有的关键参数取值保持一致，即种群规模 $P_s=300$，迭代次数 $T=300$。表 4.5 给出了以上四种算法的关键参数取值。

表 4.5　四种优化调度算法的参数设置

算法	参数设置
基于模糊逻辑的混合算法	$P_s = 300$，$T = 300$，$\alpha = 0.15$，$\beta = 1.0$，$P_m = 0.10$
基于固定比例的混合算法	$P_s = 300$，$T = 300$，$\alpha = 0.15$，$\beta = 1.0$，$P_m = 0.10$
EDA	$P_s = 300$，$T = 300$，$\alpha = 0.15$，$\beta = 1.0$
GA	$P_s = 300$，$T = 300$，$P_c = 0.90$，$P_m = 0.10$

通过对置换流水车间 Taillard 标准测试集的求解，四种优化算法的性能测试结果如表 4.6 和表 4.7 所示。其中，最小相对偏差（best relative error，BRE）和平均相对偏差（average relative error，ARE）为算法性能的评价指标，它们分别为每种优化算法求得的解与四种优化算法的最好解 C_{best} 的最小偏差和平均偏差。显然

BRE 和 ARE 的值越小，算法的优化性能就越好。BRE 和 ARE 的计算公式分别如式（4.5）和式（4.6）所示：

$$BRE = \frac{\min(C_i) - C_{best}}{C_{best}} \times 100, \quad i = 1, 2, \cdots, 10 \tag{4.5}$$

$$ARE = \frac{\sum_{i=1}^{20}(C_i - C_{best})}{20 \times C_{best}} \times 100 \tag{4.6}$$

其中，C_i 表示某个优化算法第 i 次求解 FFSP 时得到的 makespan。

表 4.6　机器故障情况下基于固定比例和基于模糊逻辑的混合算法性能比较

工件数×机器数	基于模糊逻辑的混合算法		基于固定比例混合算法					
			R_{EDA}=25%		R_{EDA}=50%		R_{EDA}=75%	
	BRE	ARE	BRE	ARE	BRE	ARE	BRE	ARE
20×5	0	0	0.41	0.59	0.64	1.01	1.01	1.39
20×10	0.05	0.12	0.47	0.72	0.73	1.04	1.28	1.58
20×20	0.08	0.17	0.17	0.42	0.62	0.78	1.07	1.27
50×5	0.14	0.19	0.49	0.78	0.79	1.06	1.21	1.60
50×10	0.12	0.20	0.32	0.63	0.96	1.17	1.28	1.21
50×20	0.16	0.26	0.36	0.79	0.64	0.93	1.31	1.46
100×5	0.11	0.21	0.47	0.75	0.81	1.08	1.27	1.63
100×10	0.14	0.31	0.41	0.66	1.05	1.25	1.15	1.24
100×20	0.20	0.45	0.25	0.52	0.91	1.13	1.28	1.32
200×10	0.23	0.37	0.61	0.89	1.03	1.33	1.41	1.78
200×20	0.19	0.46	0.59	0.74	1.23	1.41	1.16	1.61
均值	0.13	0.25	0.41	0.68	0.86	1.11	1.22	1.46

表 4.7　机器故障情况下 EDA、GA 和基于模糊逻辑的混合算法性能比较

工件数×机器数	基于模糊逻辑的混合算法		EDA		GA	
	BRE	ARE	BRE	ARE	BRE	ARE
20×5	0	0	1.31	1.89	0.58	0.78
20×10	0.10	0.16	1.21	1.73	0.35	0.75
20×20	0.14	0.19	1.43	1.92	0.63	0.88
50×5	0.11	0.23	1.67	2.02	0.47	0.71
50×10	0.27	0.45	1.84	2.18	0.84	1.20
50×20	0.31	0.48	1.45	1.78	0.68	0.92
100×5	0.28	0.33	1.67	2.26	0.74	1.11
100×10	0.17	0.25	1.55	1.95	0.63	0.97
100×20	0.15	0.22	1.43	1.82	0.52	0.89

工件数×机器数	基于模糊逻辑的混合算法		EDA		GA	
	BRE	ARE	BRE	ARE	BRE	ARE
200×10	0.18	0.29	1.81	2.15	0.71	1.02
200×20	0.24	0.37	1.96	2.23	1.02	1.23
均值	0.18	0.27	1.58	1.99	0.65	0.95

根据表 4.6 和表 4.7 可以得到以下结论。

（1）与基于固定比例的混合算法相比，基于模糊逻辑的混合算法具有较小的 BRE 和 ARE。这说明在种群进化过程中，通过模糊逻辑动态调整 GA 和 EDA 生成个体的比例能够实现 EDA 和 GA 两种算法的优势互补。

（2）对于所有的测试问题，基于模糊逻辑混合算法的 BRE 和 ARE 较小，其优化性能优于 EDA 和 GA。该混合算法良好的优化性能源于同时使用 GA 和 EDA 生成个体，从而充分发挥了这两种算法的优势，使得算法具有较好的全局和局部搜索能力。因此，基于模糊逻辑的混合算法是一种用于求解考虑机器故障的 PFSP 的有效方法。

4.3　考虑加工时间变动的置换流水车间仿真优化调度

4.3.1　问题描述

加工时间变动是置换流水车间中普遍存在的一类不确定事件。工件在机器上的实际加工时间受机器新旧程度、加工工具磨损、操作工人技能水平差异等多种因素的影响。加工时间的不确定性通常可用 CPTV（coefficient of processing time variation）进行描述。工件加工时的 CPTV 可定义如下：

$$CPTV = \sigma / E(P) \tag{4.7}$$

其中，$E(P)$ 为工件的预期加工时间；σ 为实际加工时间的标准差。若 CPTV 越大，则工件的实际加工时间变化就越大；若 CPTV 为 0，则实际加工时间等于预期加工时间，意味着在优化调度模型中将不考虑加工时间变动这一不确定事件。

出于简化置换流水车间调度模型的需要，对考虑加工时间变动的 PFSP 给出如下假设：

假设 3.1~假设 3.6。

假设 4.5：每台机器具有相同的 CPTV。

假设 4.6：工件在机器上的加工时间可以长于预期加工时间，也可以短于预期加工时间。

假设 4.7：工件在机器上的实际加工时间服从均值为 $E(P)$，标准差为 $\sigma = \text{CPTV} \times E(P)$ 的伽马分布。

假设 4.8：除机器故障外，置换流水车间的生产过程不受其他随机事件的影响。

本节中考虑加工时间变动的 PFSP 以最小化 makespan 为优化目标，其数学模型如式（3.1）所示。相关约束条件如下：

$$C(\pi_1, 1) = SP(\pi_1, 1) \tag{4.8}$$

$$C(\pi_1, k) = C(\pi_1, k-1) + S(\pi_1, k), \quad k = 2, 3, \cdots, m \tag{4.9}$$

$$C(\pi_i, 1) = C(\pi_{i-1}, 1) + SP(\pi_i, 1), \quad i = 2, 3, \cdots, n \tag{4.10}$$

$$C(\pi_i, k) = \max(C(\pi_{i-1}, k), C(\pi_i, k-1)) + SP(\pi_i, k), \tag{4.11}$$
$$i = 2, 3, \cdots, n; k = 2, 3, \cdots, m$$

其中，$SP(\pi_i, k)$ 为工件 π_i 在机器 k 上的实际加工时间，约束条件中其他变量符号的含义请参考 4.2.1 小节。对于约束条件（4.8）~约束条件（4.11），可以参考 4.2.1 小节中关于约束条件（4.1）~约束条件（4.4）的解释。

4.3.2　考虑加工时间变动的仿真优化调度模型

对于考虑加工时间变动的 PFSP，基于 GA 和 EDA 的仿真优化调度模型将采用 3.5.4 小节中的 BPN 网络，对调度方案的性能劣化度进行预测。如图 4.4 所示，BPN 的输入包括机器数、工件数、机器的平均空闲比率和平均加工时间变化率。BPN 的训练样本可由 3.5.4 小节中介绍的方法生成。

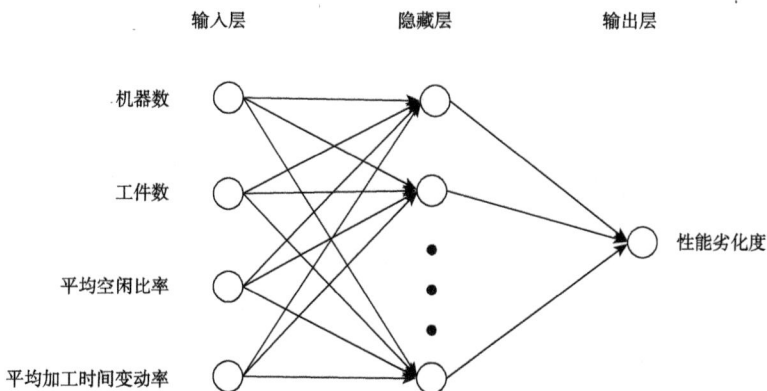

图 4.4　考虑加工时间变动的 BPN 网络结构

为了验证仿真优化模型的有效性，将采用蒙特卡罗仿真方法模拟置换流水车间的实际生产调度过程。专栏 4.3 和专栏 4.4 分别给出了考虑工件加工变动的调度仿真算法和加工时间生成算法。在这两个算法中，工件的实际加工时间都服从伽马分布。

专栏 4.3　考虑加工时间变动的调度仿真算法

　　1. 为每台机器 M_k 分别设置 CPTV_k。
　　2. 找出每台机器上尚未加工的工件。
　　3. 当机器 M_k 处于空闲状态时，记录工件在机器 M_k 上的开始加工时间。
　　4. 运行加工时间生成算法，得到工件在机器 M_k 上的实际加工时间。
　　5. 根据工件在机器 M_k 上的开始加工时间和实际加工时间，计算工件在机器 M_k 上的实际完工时间。
　　6. 重复步骤 2~步骤 5，直到所有工件在最后一台机器上完成加工。
　　7. 返回考虑加工时间变动的 makespan。

专栏 4.4　加工时间生成算法

　　1. 生成工件在机器 M_k 上的实际加工时间 $S(P_k)$。该时间服从均值为 $E(P_k)$，标准差为 $\sigma = \text{CPTV} \times E(P)$ 的伽马分布。
　　2. 返回工件在机器 M_k 上的实际加工时间。

4.3.3　实验结果与分析

1. 实验设计

考虑到生产过程中的加工时间变动，实验测试主要分为两个部分：①用于估计调度方案性能劣化度的 BPN 网络构建；②基于仿真优化策略的混合算法性能分析。

为了验证基于仿真优化策略的混合算法的优化性能，实验②选取置换流水车间的 Taillard 标准测试集进行测试。为了模拟置换流水车间生产过程中加工时间的不确定性，每台机器的 CPTV 服从[0.1, 1]上的均匀分布，工件的实际加工时间服从均值为 $E(P)$，标准差为 $\sigma = \text{CPTV} \times E(P)$ 的伽马分布。其中，CPTV 表示工件加工时间的不确定性；σ 为实际加工时间的标准差。为了避免算法随机性带来的误差，将使用相关优化算法对 Taillard 标准测试集中的每个 PFSP 求解 20 次。

2. 构建 BPN 网络

在考虑机器故障的条件下，本小节将构建用于估计调度方案性能劣化度的 BPN 网络，以降低仿真优化策略的计算复杂度。考虑加工时间变动的 BPN 输入包

括机器数、工件数、机器的平均空闲比率和平均加工时间变动率。表 4.8 给出了
BPN 输入的典型取值，通过遍历输入值的所有组合，共生成 1 250 （5×5×5×10=
1 250）个训练样本。训练好的 BPN 可用于估算个体（调度方案）的性能劣化度。

表 4.8　考虑加工时间变动的 BPN 输入

输入	取值
机器数	5, 10, 15, 20, 25
工件数	20, 70, 120, 170, 220
平均空闲比率	0.25, 0.30, 0.35, 0.40, 0.45
平均加工时间变动率	0.1, 0.2, …, 1

根据 3.5.4 小节介绍的方法生成 BPN 训练样本，并采用试误法确定隐藏层中
最优的神经元数。图 4.5 描述了不同 BPN 的均方误差与隐藏层中神经元数之间的
关系。如图 4.5 所示，当隐藏层中神经元数为 12 时，BPN 的均方误差最小。因此，
应选取神经元数为 12 的 BPN 用于估计种群中个体的性能劣化度。

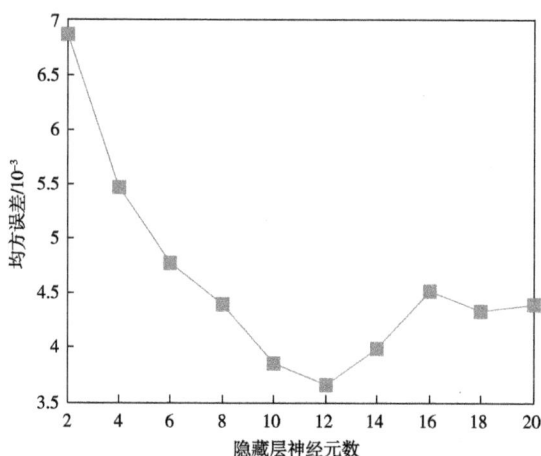

图 4.5　考虑加工时间变动的 BPN 均方误差

3. 算法性能分析

在考虑加工时间变动的情况下，本小节将对基于模糊逻辑的混合算法、基于
固定比例的混合算法、EDA 和 GA 的优化性能进行比较。以上四种调度优化算法
的关键参数取值参见表 4.5。本小节仍然采用 BRE 和 ARE 作为算法性能的评价指
标，BRE 和 ARE 的计算公式分别如式（4.5）和式（4.6）所示。

对于考虑加工时间变动的 Taillard 标准测试集，表 4.9 给出了使用基于模糊逻
辑的混合算法和基于固定比例的混合算法进行问题求解的 BRE 和 ARE，而表 4.10

则给出了使用 EDA、GA 和基于模糊逻辑的混合算法求解 PFSP 的 BRE 和 ARE。根据表 4.9 和表 4.10，可以得到以下结论。

表 4.9 加工时间变动情况下基于固定比例和基于模糊逻辑的混合算法性能比较

工件数×机器数	基于模糊逻辑的混合算法		基于固定比例混合算法					
			$R_{EDA}=25\%$		$R_{EDA}=50\%$		$R_{EDA}=75\%$	
	BRE	ARE	BRE	ARE	BRE	ARE	BRE	ARE
20×5	0	0	0.44	0.58	0.76	1.18	1.28	1.57
20×10	0	0.07	0.52	0.69	0.85	1.16	1.38	1.79
20×20	0	0.12	0.15	0.45	0.74	0.92	1.23	1.38
50×5	0.11	0.17	0.58	0.71	0.87	1.19	1.47	1.81
50×10	0.17	0.21	0.35	0.62	1.01	1.32	1.24	1.45
50×20	0.16	0.24	0.44	0.69	0.81	1.08	1.39	1.64
100×5	0.13	0.19	0.56	0.73	0.89	1.23	1.32	1.81
100×10	0.15	0.28	0.42	0.64	1.15	1.42	1.27	1.47
100×20	0.19	0.40	0.21	0.49	0.92	1.25	1.31	1.56
200×10	0.24	0.38	0.68	0.83	1.13	1.41	1.64	1.91
200×20	0.21	0.42	0.62	0.72	1.35	1.54	1.28	1.76
均值	0.12	0.23	0.45	0.65	0.95	1.25	1.35	1.65

表 4.10 加工时间变动情况下 EDA、GA 和基于模糊逻辑的混合算法性能比较

工件数×机器数	基于模糊逻辑的混合算法		EDA		GA	
	BRE	ARE	BRE	ARE	BRE	ARE
20×5	0	0	1.47	1.83	0.67	0.83
20×10	0.08	0.12	1.29	1.60	0.48	0.77
20×20	0.05	0.15	1.51	1.91	0.70	0.92
50×5	0.12	0.21	1.67	1.96	0.45	0.79
50×10	0.31	0.42	1.88	2.15	0.92	1.25
50×20	0.27	0.39	1.41	1.74	0.77	0.98
100×5	0.25	0.32	1.69	2.19	0.85	1.15
100×10	0.13	0.25	1.54	1.92	0.68	1.02
100×20	0.10	0.21	1.41	1.71	0.61	0.91
200×10	0.14	0.19	1.75	2.12	0.79	1.09
200×20	0.23	0.33	1.92	2.18	1.08	1.43
均值	0.15	0.24	1.59	1.94	0.73	1.01

（1）在考虑加工时间变动的情况下，基于模糊逻辑的混合算法具有较小的 BRE 和 ARE，说明其优化性能好于基于固定比例的混合算法。基于固定比例混合

算法的优化性能相对较差，这是由于每代种群中 EDA 和 GA 生成个体的比例无法根据种群进化过程进行自适应调整，因此难以有效保证解的质量。

（2）与 EDA 和 GA 相比，对于 Taillard 标准测试集中的所有问题而言，基于模糊逻辑混合算法具有更好的优化性能。该算法良好的优化性能源于其充分发挥了 EDA 和 GA 各自的优势，能够动态调整不同算法生成个体的比例，使得混合算法具有较好的全局搜索和局部搜索能力。

4.4　考虑机器故障和加工时间变动的置换流水车间仿真优化调度

4.4.1　问题描述

本节将同时考虑置换流水车间中的机器故障和加工时间变动这两类不确定事件，研究如何使用第 3 章提出的仿真优化调度模型求解 PFSP。其中，MTTR 和 BL 进行描述，而加工时间的不确定性用 CPTV 进行描述。关于随机建模参数 MTTR、BL 和 CPTV 的定义请参见 4.2.1 小节和 4.3.1 小节。

出于简化研究问题的需要，对同时考虑机器故障和加工时间变动的 PFSP 做出如下假设：

假设 3.1~假设 3.6、假设 4.1~假设 4.3、假设 4.5~假设 4.7。

假设 4.9：除机器故障和加工时间变动外，置换流水车间的生产过程不受其他随机事件影响。

同时考虑机器故障和加工时间变动的 PFSP 以最小化 makespan 为优化目标，其数学模型如式（3.1）所示。相关约束条件如下：

$$C(\pi_1,1) = SP(\pi_1,1) + F(\pi_1,1) \times TTR(\pi_1,1) \qquad (4.12)$$

$$C(\pi_1,k) = C(\pi_1,k-1) + SP(\pi_1,k) + F(\pi_1,k) \times TTR(\pi_1,k), \quad k = 2,3,\cdots,m \qquad (4.13)$$

$$C(\pi_i,1) = C(\pi_{i-1},1) + SP(\pi_i,1) + F(\pi_i,1) \times TTR(\pi_i,1), \quad i = 2,3,\cdots,n \qquad (4.14)$$

$$C(\pi_i,k) = \max(C(\pi_{i-1},k), C(\pi_i,k-1)) + SP(\pi_i,k) + F(\pi_i,k) \times TTR(\pi_i,k),$$
$$i = 2,3,\cdots,n; k = 2,3,\cdots,m \qquad (4.15)$$

该问题中的符号与 4.2.1 小节和 4.3.1 小节中使用的符号完全一致。对于约束条件（4.12）~约束条件（4.15），可以参考 4.2.1 小节中关于约束条件（4.1）~约束条件（4.4）的解释。

4.4.2　考虑机器故障和加工时间变动的仿真优化调度模型

对于同时考虑机器故障和加工时间变动的 PFSP，仿真优化调度模型采用 3.5.4 小节中介绍的基于 BPN 网络的个体评价模型来计算个体适应度，以降低计算复杂度。用于估计个体（调度方案）性能劣化度的 BPN 网络结构如图 4.6 所示。BPN 的输入包括机器数、工件数、机器的平均空闲比率、MTTR、平均故障率和平均加工时间变动率。用于构建 BPN 的训练样本由 3.5.4 小节中介绍的方法生成。

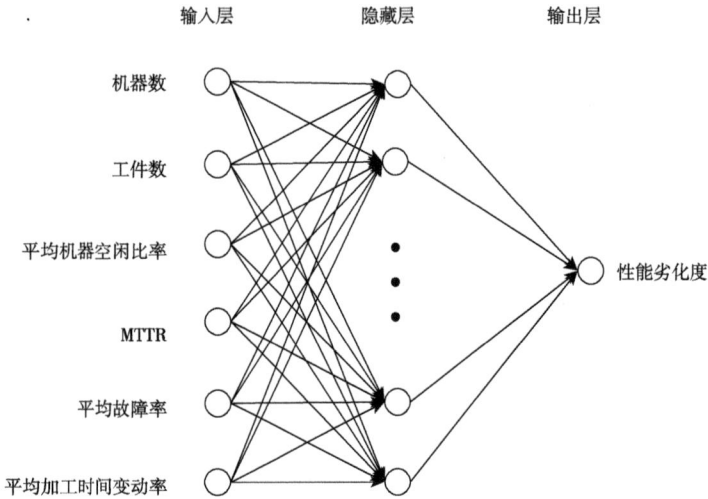

图 4.6　考虑机器故障和加工时间变动的 BPN 网络结构

为了对仿真优化模型的有效性进行评价，将采用蒙特卡洛仿真方法模拟置换流水车间的实际生产调度过程。当发生机器故障或加工时间变动时，仿真算法将进行右移重调度。考虑机器故障和加工时间变动的仿真调度算法如专栏 4.5 所示。该仿真算法融入了 4.2.2 小节中的机器故障处理算法和 4.3.2 小节中的加工时间生成算法。其中，相邻故障间隔时间和故障修复时间均服从指数分布，工件的实际加工时间服从伽马分布。

专栏 4.5　考虑机器故障和加工时间变动的仿真调度算法

1. 初始化。

（1）为每台机器 M_k 分别设置 MTTR_k 和 BL_k。

（2）根据每台机器 M_k 的 MTTR_k 和 BL_k，计算相邻两次故障平均间隔时间，即

$$\mathrm{MTBF}_k = \mathrm{MTTR}_k / \mathrm{BL}_k - \mathrm{MTTR}_k$$

（3）随机生成 TBF_k 作为机器 M_k 此次故障与下次故障的时间间隔。该随机数 TBF_k 服从均值为 $MTBF_k$ 的指数分布，即 $TBF_k = Exp（MTBF_k）$。

（4）令每台机器的累积无故障时间 $APT_k = 0$。

（5）为每台机器 M_k 分别设置 $CPTV_k$。

2. 仿真预热。

（1）为每台机器 M_k 分配 100 个工件，每个工件完成加工后不再需要在其他机器上进行加工。

（2）对于每台机器 M_k，根据工件的加工顺序，运行加工时间生成算法（专栏 4.3），得到工件的实际加工时间，并计算该机器的累积无故障时间 APT_k。

（3）如果 APT_k 小于 TBF_k，返回步骤（2）。

（4）运行机器故障处理算法（专栏 4.2），模拟机器故障后的修复过程。

（5）重复步骤（2）~步骤（4），直到每台机器完成所有工件的加工。

3. 考虑机器故障和加工时间变动的调度仿真

（1）找出每台机器上尚未加工的工件。

（2）当工件在机器 M_k 上进行加工时，运行加工时间生成算法（专栏 4.3），得到工件在机器 M_k 上的实际加工时间，并计算该机器的累积无故障时间 APT_k。

（3）如果 APT_k 小于 TBF_k，返回步骤（2）。

（4）运行机器故障处理算法（专栏 4.2），模拟机器故障后的修复过程。

（5）重复步骤（2）~步骤（4），直到所有工件在最后一台机器上完成加工。

（6）返回考虑机器故障和加工时间变动的 makespan。

4.4.3　实验结果与分析

1. 实验设计

在同时考虑机器故障和加工时间变动的情况下，本小节将分析基于仿真优化策略的混合算法的优化性能。实验测试主要分为两个部分：①构建用于预测调度方案性能劣化度的 BPN；②验证基于仿真优化策略的混合算法的有效性。

实验②将选取置换流水车间的 Taillard 标准测试集进行测试。为了模拟置换流水车间的实际生产环境，每台机器的 BL 服从区间[0.01，0.1]上的均匀分布，机器故障后的 MTTR 为工件平均加工时间，每台机器的 CPTV 服从[0.1，1]上的均匀分布。工件的实际加工时间服从均值为 $E（P）$，标准差为 $\sigma = CPTV \times E（P）$ 的伽马分布。其中，CPTV 用于描述工件加工时间的不确定性，σ 为实际加工时间的标准差。

2. 构建 BPN 网络

为了降低仿真优化策略的计算复杂度，本小节将构建 BPN 网络用于估计调度方案的性能劣化度。当同时考虑机器故障和加工时间变动时，BPN 网络的输入包括机器数、工件数、机器的平均空闲比率、MTTR、平均故障率和平均加工时间变动率。表 4.11 给出了用于生成 BPN 训练样本的典型输入值。为了减少训练样本的数量，与表 4.1 和表 4.8 相比，BL 和 CPTV 的典型值均由 10 个改为 5 个。因此，遍历输入值的所有组合可生成 15 625（5×5×5×5×5×5=15 625）个训练样本。经过训练后的 BPN 可用于个体（调度方案）性能劣化度的预测。

表 4.11　考虑机器故障和加工时间变动的 BPN 输入

输入	取值
机器数	5，10，15，20，25
工件数	20，70，120，170，220
平均空闲比率	0.25，0.30，0.35，0.40，0.45
平均故障率	0.01，0.03，0.05，0.07，0.09
MTTR	0.5AP[1)]，AP，1.5AP，2AP，2.5AP
平均加工时间变动率	0.1，0.3，0.5，0.7，0.9

1）AP 为工件的平均加工时间

根据 3.5.4 小节介绍的方法生成训练样本，并使用试误法确定 BPN 隐藏层的最优神经元数。图 4.7 给出了当采用不同数目神经元时 BPN 的均方误差。由图 4.7 可知，BPN 的最优神经元数分别为 12，故可选取神经元数为 12 的 BPN 来估计种群中个体的性能劣化度。

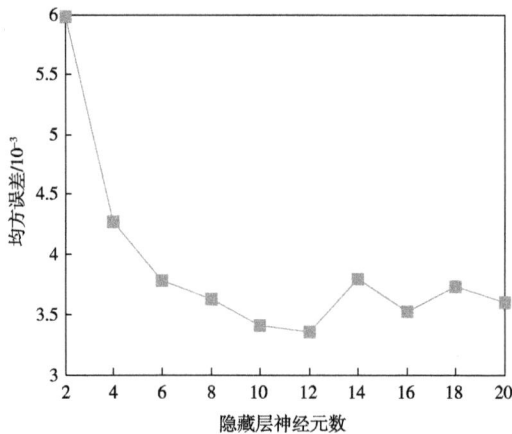

图 4.7　考虑机器故障和加工时间变动的 BPN 均方误差

3. 算法性能分析

为了验证基于仿真优化策略的有效性，本节在同时考虑机器故障和加工时间变动的情况下，对基于模糊逻辑的混合算法、基于固定比例的混合算法、EDA 和 GA 等四种优化算法的性能进行了比较。表 4.5 给出了这四种优化调度算法的关键参数取值。这里仍然采用 BRE 和 ARE 作为算法性能的评价指标，相关计算公式参见式（4.5）和式（4.6）。

对于考虑机器故障和加工时间变动的 Taillard 标准测试集，分别用基于模糊逻辑的混合算法、基于固定比例的混合算法、EDA 和 GA 进行求解。根据表 4.12 和表 4.13 中不同算法的 BRE 和 ARE，可以得到以下结论。

表 4.12　机器故障和加工时间变动下基于固定比例和基于模糊逻辑的混合算法性能比较

| 工件数×机器数 | 基于模糊逻辑的混合算法 | | 基于固定比例混合算法 | | | | | |
| | | | $R_{EDA}=25\%$ | | $R_{EDA}=50\%$ | | $R_{EDA}=75\%$ | |
	BRE	ARE	BRE	ARE	BRE	ARE	BRE	ARE
20×5	0.05	0.08	0.52	0.64	0.63	1.06	1.09	1.44
20×10	0.11	0.12	0.6	0.71	0.69	1.09	1.38	1.63
20×20	0.13	0.17	0.31	0.48	0.71	0.84	1.14	1.28
50×5	0.15	0.19	0.54	0.79	0.66	1.07	1.35	1.57
50×10	0.16	0.20	0.42	0.65	0.86	1.15	1.27	1.31
50×20	0.21	0.26	0.47	0.83	0.61	0.98	1.39	1.43
100×5	0.15	0.21	0.52	0.74	0.74	1.12	1.31	1.66
100×10	0.25	0.31	0.56	0.71	1.01	1.31	1.22	1.30
100×20	0.28	0.45	0.35	0.56	0.89	1.17	1.35	1.39
200×10	0.23	0.37	0.73	0.93	1.04	1.36	1.47	1.72
200×20	0.21	0.46	0.67	0.77	1.21	1.45	1.21	1.66
均值	0.18	0.26	0.52	0.71	0.82	1.15	1.29	1.49

表 4.13　机器故障和加工时间变动下 EDA、GA 和基于模糊逻辑的仿真优化算法性能比较

| 工件数×机器数 | 基于模糊逻辑的混合算法 | | EDA | | GA | |
	BRE	ARE	BRE	ARE	BRE	ARE
20×5	0	0	1.45	2.01	0.54	0.75
20×10	0.18	0.18	1.34	1.93	0.30	0.81
20×20	0.16	0.20	1.59	1.81	0.61	0.97
50×5	0.15	0.25	1.78	2.14	0.48	0.76
50×10	0.31	0.44	1.99	2.29	0.75	1.25
50×20	0.37	0.52	1.61	1.81	0.62	0.96
100×5	0.29	0.37	1.79	2.31	0.71	1.12

续表

工件数×机器数	基于模糊逻辑的混合算法		EDA		GA	
	BRE	ARE	BRE	ARE	BRE	ARE
100×10	0.21	0.29	1.66	1.98	0.58	0.95
100×20	0.19	0.23	1.58	1.86	0.44	0.92
200×10	0.34	0.32	1.93	2.29	0.69	1.13
200×20	0.28	0.39	2.08	2.31	0.91	1.28
均值	0.23	0.29	1.71	2.07	0.60	0.99

（1）与基于固定比例的混合算法相比，基于模糊逻辑的混合算法的 BRE 和 ARE 较小，说明其优化性能好于基于固定比例的混合算法。

（2）与 EDA 和 GA 相比，基于模糊逻辑混合算法的 BRE 和 ARE 较小。这表明该混合算法能够充分发挥 EDA 和 GA 各自的优势，是一种用于求解考虑机器故障和加工时间变动的 FFSP 的有效方法。

4.5　本　章　小　结

为了验证基于仿真优化的混合算法的有效性，本章分别对三类 PFSP 进行求解：①考虑机器故障的 PFSP；②考虑加工时间变动的 PFSP；③考虑机器故障和加工时间的 PFSP。

对于每一类复杂生产环境下的 PFSP，采用 Taillard 标准测试集分别对基于模糊逻辑的混合算法、基于固定比例的混合算法、EDA 和 GA 进行了性能比较。实验结果表明，基于模糊逻辑的混合算法具有较好的优化性能，这表明该算法能够充分发挥 EDA 和 GA 各自的优势，是一种求解复杂生产环境下 PFSP 的有效方法。

第三篇

基于分群策略的柔性流水车间调度

第5章　考虑单一不确定事件的分群调度策略

5.1　引　　言

用于求解复杂生产环境下调度问题的优化算法主要包括预测-反应式方法、完全反应式方法和鲁棒式方法。

其中，预测-反应式方法根据全局信息生成一个最优的预调度，当随机扰动发生时，更新原有调度以保证其可行性；完全反应式方法本质上是一种在线调度，它根据在决策时刻获得的局部信息进行调度。尽管完全反应式方法无法得到全局最优解，但与预测-反应式方法相比，它具有计算量小、实时性高等优点。

通过对以上两种方法的比较研究（表5-1），生产调度领域的学者一致认为两者的优化性能具有高度的互补性：在随机特性较低的生产环境中，预测-反应式方法通过全局信息进行优化调度，所以其优化性能优于完全反应式方法；随着生产环境中随机特性的增加，预测-反应式方法所依赖的全局信息变得不准确，该方法的优化性能逐渐衰退，最终当系统的随机特性高于某一阈值时，完全反应式方法将优于预测-反应式方法。

表 5.1　预测-反应式方法和完全反应式方法性能比较

调度方法	优化性能	实时性	计算复杂度	优化性能衰退
完全反应式方法	−	+	+	+
预测-反应式方法	+	−	−	−

注：表中（＋）表示优势，（−）表示劣势

为了充分利用预测-反应式方法和完全反应式方法各自的优势，分群调度策略将根据生产环境中随机特性的大小动态选择优化调度算法，即生产环境随机特性较低时采用预测–反应式方法进行调度，生产环境随机特性较高时采用完全反应式方法进行调度。本章将结合柔性流水车间的调度问题，详细介绍考虑单一不确定事件的分群调度策略。

5.2　单一不确定事件下柔性流水车间调度问题

FFSP 也可以称为混合流水车间调度问题，该问题是经典的组合优化问题，具有复杂性和动态性等特点。作为流程工业流水车间生产调度问题的简化模型，该类调度问题普遍存在于石油、化工、电力、冶金、造纸和制药等流程工业中。FFSP 重点研究多个作业在多个并行机器上以相同路径进行处理时，如何安排作业序列来获得最优生产目标。

以图 5.1 为例，该问题可以描述为：有 N 个工件需要处理，所有工件的加工路线相同，都需要依次经过 S 道工序，其中第 i 道工序拥有功能相同的并行机器数为 $N_i(N_i \geqslant 1)$ 台。工件在经历第 S 道工序时，可以被该工序并行的 N_i 台机器中的任意一台加工。求解复杂生产环境下的 FFSP，就是在考虑生产环境中不确定事件的基础上，确定工件在并行机器上的分配情况，以及同一机器上工件的加工顺序。FFSP 属于 NP 难问题，被学术界认为是最难求解的组合优化问题之一。如果再考虑生产环境中的不确定事件，该调度问题将变得更为复杂。

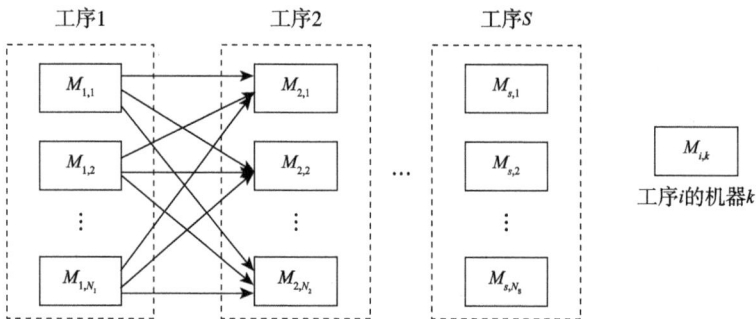

图 5.1　柔性流水车间示意图

出于简化调度模型的考虑，对考虑单一不确定事件的 FFSP 做出如下假设：

假设 5.1：所有机器 0 时刻可用。

假设 5.2：所有工件都可以在 0 时刻开始加工。

假设 5.3：不同的工件具有相同的优先级。

假设 5.4：每台机器只能同时加工一个工件。

假设 5.5：工件在每道工序并行机器上的期望加工时间相同。

假设 5.6：相邻两工序间的缓冲区无限大，工件可以在工序之间等待。

假设 5.7：生产过程受随机事件影响，每道工序的并行机器具有相同的随机特性。

FFSP 的优化准则有多种，通常与生产时间或延迟时间相关。最常见的优化准则以最小化 makespan 为目标，即

$$\min\{\max[C_{kj}]\} \tag{5.1}$$

其中，C_{kj} 是工件 j 在第 k 道工序中的完工时间。

5.3 单一不确定事件下基于分群策略的调度框架

分群调度策略采用高度互补的两类优化调度算法（即预测-反应式方法和完全反应式方法）生成调度方案。预测-反应式方法和完全反应式方法都包括多种不同的优化调度算法，理论上均可用于构建基于分群策略的调度模型。由于最短处理时间（shortest processing time，SPT）算法和 GA 被广泛地用于 FFSP 的求解，因此分群调度策略同时使用 SPT 和 GA 来生成调度方案。其中，预测-反应式方法采用 GA，而完全反应式方法采用 SPT。

如图 5.2 所示，FFSP 的求解过程共分为三个步骤：首先，把柔性流水车间中的机器分成具有不同随机特性的机器群组，从而把复杂生产环境下的调度问题转换成一系列基于机器群组的调度子问题；其次，通过机器群组的调度方法选择策略为每个调度子问题选择合适的调度算法；最后，根据分配的调度算法分别对每个调度子问题进行求解。

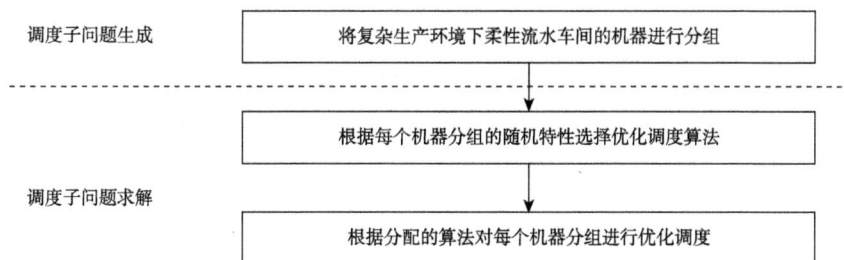

图 5.2 基于分群策略的优化调度模型

聚类分析是数据挖掘的一种重要分析方法，其目标是把数据对象划分为不同的簇，使得同一簇内的对象尽量相近而不同簇内的对象尽可能有较大差异。聚类

算法种类众多，主要包括划分法（partitioning method）、层次法（hierarchical method）、基于密度的方法（density-based method）、基于网格的方法（grid-based method）、基于模型的方法（model-based method）。其中，K-means 算法是应用最多且较为简单的一类划分算法。考虑到柔性流水车间的生产调度特性，分群调度策略采用一种全新的相邻 K-means 算法把复杂生产环境下的 FFSP 分解成一系列的调度子问题。该算法可以根据不同工序并行机的随机特性差异，将车间中的并行机分解成多个机器群组。不同的机器群组具有不同的随机特性，而同一机器群组内的机器具有相似的随机特性。

ANN 是 20 世纪 80 年代以来人工智能领域兴起的研究热点。ANN 是由大量处理单元互联组成的非线性、自适应信息处理系统，它从结构、实现机理和功能上模拟生物神经网络。重要的 ANN 包括感知器神经网络、BPN、Hopfield 网络、SOM 等。其中，BPN 网络在理论上可以逼近任意函数，具有很强的非线性映射能力。因此，分群调度策略将通过 BPN 对 K-means 算法生成机器群组的随机特性进行预测，以便根据随机特性的大小为机器群组选择适当的优化调度算法。对随机特性较低的机器群组，采用 GA 以获得较好的全局优化性能；对随机特性较高的机器群组，采用 SPT 以获得较好的动态适应性。

在完成机器群组的方法分配后，分别对每个调度子问题进行求解。以图 5.3（图中相同的几何图形代表同一工序的并行机器）为例，该柔性流水车间共包含 7 道工序，每道工序有 3 台并行机器。通过相邻 K-means 算法，柔性流水车间最终可以分解成 3 个不同的机器群组。其中，机器群组 1 和 2 的随机特性较低，采用 GA 生成调度方案；机器群组 3 的随机特性较高，采用 SPT 进行优化调度。

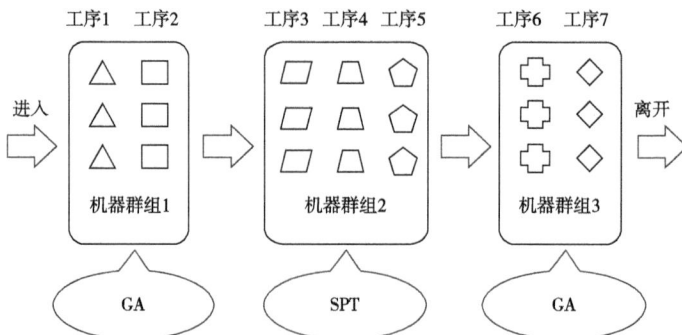

图 5.3　柔性流水车间的机器群组

5.4　机器群组生成机制

分群调度策略采用 K-means 算法生成随机特性不同的机器群组。K-means 算法的基本思想是以空间中 k 个点为中心进行聚类，对最靠近它们的数据对象进行归类。该算法通过迭代的方法，不断地更新各聚类中心，直至得到最好的聚类结果。假设要把数据对象分为 k 个类别，经典 K-means 算法的主要步骤包括：①适当选择 k 个数据对象作为类的初始中心；②在每次迭代中，对任意一个数据对象分别求其到 k 个中心的距离，将该数据对象归到距离最近的中心所在的类；③根据聚类结果，利用均值等方法更新各个类的中心；④对于所有的 k 个聚类中心，重复利用步骤②和步骤③更新各聚类中心，直到聚类结果不再变化。

柔性流水车间中机器的分组不同于传统的聚类问题。首先，各道加工工序中的机器不同于聚类问题中的数据对象，不能直接根据并行机器到类中心的距离进行聚类；此外，不同的机器群组具有不同的随机特性，如何定义机器间的随机特性差异也是亟待解决的问题。由于经典的 K-means 算法无法解决以上两个问题，因此分群调度策略将采用一种全新的相邻 K-means 算法来生成机器群组。

5.4.1　随机向量和机器随机特性差异

为了把复杂生产环境下的调度问题转换成一系列基于机器群组的调度子问题，分群调度策略将根据机器间的随机特性差异进行聚类。机器间的随机特性可以用不确定事件的随机建模参数来描述。根据假设 5.7，柔性流水车间中每道工序的并行机器具有相同的随机特性，因此可以用随机向量 V_k 描述工序 k 中并行机器的随机特性。

$$V_k = [\alpha_1 \times F_{k1}, \ \cdots, \ \alpha_n \times F_{kn}] \tag{5.2}$$

其中，F_{kn} 用于描述工序 k 中并行机器的第 n 个随机建模参数；α_n 为 F_{kn} 的权重。F_{kn} 越大，机器的随机特性就越高，相应地实际调度方案将会严重偏离原调度方案。

下面以机器故障为例解释如何描述复杂生产环境下机器的随机特性。机器故障通常可用 MTTR 和 BL 来描述。MTTR 指从机器出现故障到维修结束之间的这段维修时间的平均值，MTTR 越短表示机器的易恢复性越好。BL 指故障停机时间与机器应开动时间的百分比，即 BL = MTTR/(MTTR + MTBF)，其中 MTBF 为两次相邻故障之间的平均间隔时间；BL 越小，机器的可靠性越高。MTTR 和 BL 可用于构建描述机器动态特性的随机向量。在只考虑机器故障的柔性流水车间生产环境下，用来描述工序 k 中并行机器随机特性的随机向量为

$\left[\alpha_1 \times \mathrm{BL}_k,\ \alpha_2 \times \mathrm{MTTR}_k\right]$。当 MTTR 和 BL 较大时，并行机器将具有较高的随机动态特性。

除了随机向量 V_k，最晚完工时间差（makespan difference between SPT and GA，MDSG）也可用于机器随机特性的测度。

$$\mathrm{MDSG}=\left(M_{\mathrm{SPT\_U}}-M_{\mathrm{GA\_U}}\right)/M_{\mathrm{GA}} \tag{5.3}$$

其中，$M_{\mathrm{SPT\_U}}$ 和 $M_{\mathrm{GA\_U}}$ 表示在考虑单一不确定事件下分别用 SPT 和 GA 得到的 makespan；M_{GA} 表示在未考虑不确定事件条件下用 GA 得到的 makespan。

MDSG 可用于柔性流水车间中并行机器随机特性的测度。对于随机特性较低的机器群组而言，GA 能够利用全局信息生成调度方案，其优化性能优于使用局部信息生成调度方案的 SPT；但是，随着生产环境中随机特性的增加，GA 所依赖的全局信息将变得不准确，其优化性能将大大降低，最终当生产环境中的随机特性高于某一阈值时，SPT 将优于 GA。当 MDSG 为正时，则 $M_{\mathrm{SPT\_U}}$ 大于 $M_{\mathrm{GA\_U}}$，表明机器的随机特性较低且 GA 的优化性能好于 SPT，因此可以使用 GA 生成调度方案；当 MDSG 为负时，则 $M_{\mathrm{SPT\_U}}$ 小于 $M_{\mathrm{GA\_U}}$，表明机器的随机特性较高且 SPT 的优化性能好于 GA，因此可以使用 SPT 生成调度方案。

分群调度策略通过 ANN 为每个机器群组选择适当的优化调度算法。ANN 的训练样本将通过蒙特卡罗模拟实验生成。训练样本的输入涉及复杂生产环境下与生产调度相关的参数，包括工件数、工序数、并行机器数、不确定事件的随机建模参数等，输出为 MDSG。针对训练样本的输入和输出，可以绘制描述它们之间关系的散点图（详见 6.2.3 小节和 8.2.3 小节）。散点图表明随机建模参数与 MDSG 之间线性相关，它们之间的关系可用多元回归模型进行描述：

$$\mathrm{MDSG}=\beta_0+\beta_1 \times F_1+\cdots+\beta_n \times F_n \tag{5.4}$$

其中，F_nWEI 第 n 个用于描述机器随机特性的参数；β_0，β_1，$\cdots$，β_n 均为回归系数。由于 β_1，β_2，$\cdots$，β_n 表示随机建模参数对 MDSG 的影响，而随机向量 V_k 和 MDSG 都可用于描述并行机器的随机特性，因此可以用 β_1，β_2，$\cdots$，β_n 对随机向量 V_k 中的 α_1，α_2，$\cdots$，α_n 进行赋值：

$$V_k=[\beta_1 \times F_{k1},\beta_2 \times F_{k2},\cdots,\beta_n \times F_{kn}] \tag{5.5}$$

根据描述机器特性的随机向量 V_k，可以计算不同工序并行机器的随机特性差异（difference of stochastic nature，DSN）。欧氏距离是一种常用的距离函数，可用于相似度的测度，因此随机特性差异可定义如下：

$$D\left(V_i,V_j\right)=\left\|V_i-V_j\right\|_2=\sqrt{\beta_1^2 \times \left(F_{i1}-F_{j1}\right)^2+\cdots+\beta_n^2 \times \left(F_{in}-F_{jn}\right)^2} \tag{5.6}$$

其中，V_i 和 V_j 分别为工序 i 和工序 j 中并行机器的随机向量；$D\left(V_i,V_j\right)$ 表示工序 i 和工序 j 中并行机器随机特定的差异，即随机特性差异。对于工序 i 和工序 j 中的并行机器，$D(V_i,V_j)$ 越小，则它们分配到同一个机器群组的可能性就越大。

5.4.2　相邻 *K*-means 算法

根据并行机器的随机特性差异 $D(V_i,V_j)$ 仍然无法直接采用经典 *K*-means 算法生成机器群组。如图 5.3 所示，机器群组具有以下两个特征：①由于同一工序中的并行机器具有相同的随机特性，因此它们属于同一个机器群组；②同一机器群组中的工序是连续的。机器群组的以上两个特性使得无法使用传统的 *K*-means 算法对柔性流水车间的机器进行分组。

分群调度策略采用一种全新的机器分配算法以保证生成的机器群组满足其特性。由于同一工序中并行机器的随机特性完全相同，在进行聚类时可以把这些机器视为一个数据对象，相应地机器群组的中心点也就是某一工序的所有并行机器。如专栏 5.1 所示，根据不同工序间并行机器的随机特性差异，分群调度策略可以通过机器分配算法将两个相邻中心间的并行机器依次分配到随机特性差异最小的中心点。

专栏 5.1　机器分配算法

令 $k=1$，重复如下过程直至 $k=N-1$（N=机器群组中心点的个数）。

令 $i=S_k$，重复如下过程直至 $i=S_{k+1}$（S_k 为第 k 个机器群组中心点所对应的工序）。

1. 将工序 S_k 和 i 间的并行机器分配到第 k 和 $k+1$ 个机器群组中心点，分别计算这些工序的并行机器与第 k 个机器群组中心点的随机特性差异之和

$$\sum_{j=S_k}^{i} D(V_j,V_{S_k})。$$

2. 将工序 $i-1$ 和 S_{k+1} 间的并行机器分配到第 $k+1$ 个机器群组中心点，分别计算这些工序的并行机器与第 $k+1$ 个机器群组中心点的随机特性差异之和

$$\sum_{j=i-1}^{S_{k+1}} D(V_j,V_{S_{k+1}})。$$

3. 计算此次机器分配过程中并行机器与所分配的机器群组中心点的随机特性差异之和 $\sum_{j=S_k}^{i} D(V_j,V_{S_k}) + \sum_{j=i-1}^{S_{k+1}} D(V_j,V_{S_{k+1}})$。

4. 如果此次机器分配的随机特性差异之和最小，则更新工序 S_k 和 S_{k+1} 间的并行机器分配结果。

（1）若 S_1 不是第一道工序，将此工序之前的所有并行机器分配到第一个机器群组中心点。

（2）若 S_N 不是最后第一道工序，将此工序之后的所有并行机器分配到最后一个机器群组中心点。

聚类算法作为一种无监督学习方法，当使用不同的聚类算法或不同的聚类数（number of clusters）时，将会得到不同的聚类结果，因此需要对聚类结果的有效性进行评价。聚类算法按照数据元素相互之间的相似性进行分类，其目标就是最大化同类数据元素之间的相似性（intra-cluster distance），同时最大化不同类数据元素之间的差异性（inter-cluster distance）。近年来，越来越多的学者开始采用聚类有效性指标（cluster validity index，CVI）对聚类结果进行评价，以确定最佳的聚类数。CVI 同时考虑了同类数据元素之间相似性和不同类数据元素之间的差异性。

Kim 和 Ramakrishna 将 CVI 分为比值型与求和型两类[213]。比值型 CVI 将类内距离和类间距离相除，即 CVI = InterDis/IntraDis 或 CVI = IntraDis/InterDis，其中 IntraDis 和 InterDis 分别为类内距离和类间距离。求和型 CVI 将类内距离和类间距离加权求和，即 CVI = IntraDis + $\lambda \times$ InterDis。用于聚类结果有效性评价的 CVI 主要包括 Dunn[214]、DB[215]、Vsv[216]、DVI[217]等。其中 Dunn 和 DB 属于比值型 CVI，Vsv 和 DVI 属于求和型 CVI。

由于分群调度策略将采用不同的调度方法对相邻的机器群组进行调度优化，一个好的聚类结果应该具有较大的相邻机器群组类间距离和较小的非相邻机器群类间距离。因此，可以在计算机器群组类间距离时引入权重 W_{ij}。

$$W_{ij} = \frac{1}{(F_i + F_j)} \tag{5.7}$$

其中，F_i 是第 i 个机器群组的最小工序号。以图 5.2 为例，F_1、F_2、F_3 分别为 1、3、6。

表 5.2~表 5.5 分别给出了考虑权重的 Dunn、DB、Vsv 和 DVI。其中，InterDis(C_i, C_j) 表示机器群组 i 和 j 之间的类间距离；IntraDis(C_i) 表示机器群组 i 的类内距离；C_i 和 c_i 分别为机器群组 i 和它的中心点；n_c 为机器群组的数量；n_k 为机器群组 k 中的机器数量；N 为柔性流水车间的阶段数；k 为事先定义的机器群组数量的最大值。

表 5.2 Dunn 和基于权重的 Dunn（WDunn）

CVI	算法
Dunn	$\text{Dunn} = \min\limits_{i=1,2,\cdots,nc}\left\{\min\limits_{j=i+1,\cdots,nc}\left(\dfrac{\text{InterDis}(C_i,C_j)}{\max\limits_{k=1,\cdots,nc}\text{IntraDis}(C_k)}\right)\right\}$，其中，$\text{InterDis}(C_i,C_j) = \min\limits_{x\in C_i, y\in C_j} d(x,y)$； $\text{IntraDis}(C_k) = \text{diam}(C_k) = \min\limits_{x,y\in C_k} d(x,y)$
WDunn	$\text{WDunn} = \min\limits_{i=1,\cdots,nc}\left\{\min\limits_{j=i+1,\cdots,nc}\left(\dfrac{\text{WeightedInterDis}_{i,j}(C_i,C_j)}{\max\limits_{k=1,\cdots,nc}\text{IntraDis}(C_k)}\right)\right\}$，其中， $\text{WeightedInterDis}(C_i,C_j) = W_{ij} \times \min\limits_{x\in C_i, y\in C_j} d(x,y)$；$\text{IntraDis}(C_k) = \text{diam}(C_k) = \min\limits_{x,y\in C_k} d(x,y)$

表 5.3　DB 和基于权重的 DB（WDB）

CVI	算法
DB	$\text{WDB} = \dfrac{1}{n}\sum_{i=1}^{n}\max_{i \neq j}\left(\dfrac{\text{IntraDis}(C_i) + \text{IntraDis}(C_j)}{\text{InterDis}(C_i, C_j)}\right)$，其中，$\text{InterDis}(C_i, C_j) = d(c_i, c_j)$； $\text{IntraDis}(C_k) = \dfrac{1}{n_k}\sum_{x \in C_k} d(x, c_k)$
WDB	$\text{WDB} = \dfrac{1}{n}\sum_{i=1}^{n}\max_{i \neq j}\left(\dfrac{\text{IntraDis}(C_i) + \text{IntraDis}(C_j)}{\text{WeightedInterDis}(C_i, C_j)}\right)$，其中，$\text{WeightedInterDis}(C_i, C_j) = W_{ij} \times d(c_i, c_j)$； $\text{IntraDis}(C_k) = \dfrac{1}{n_k}\sum_{x \in C_k} d(x, c_k)$

表 5.4　V_{sv} 和基于权重的 V_{sv}（WV_{sv}）

CVI	算法
V_{sv}	$V_{sv} = v_{uN}(nc) + v_{oN}(nc)$，其中，$v_u(nc) = \dfrac{1}{nc}\sum_{i=1}^{nc}\left(\dfrac{1}{n_i}\sum_{x \in C_i} d(x, c_i)\right)$； $v_o(nc) = \dfrac{nc}{d_{min}}$；$d_{min} = \min_{i \neq j}\text{InterDis}(C_i, C_j)$； $\text{InterDis}(C_i, C_j) = d(c_i, c_j)$； $v_{uN}(nc)$、$v_{oN}(nc)$ 为归一化后的 $v_u(nc)$、$v_o(nc)$
WV_{sv}	$WV_{sv} = v_{uN}(nc) + v_{oN}(nc)$，其中，$v_u(nc) = \dfrac{1}{nc}\sum_{i=1}^{nc}\left(\dfrac{1}{n_i}\sum_{x \in C_i} d(x, c_i)\right)$； $v_o(nc) = \dfrac{nc}{d_{min}}$； $d_{min} = \min_{i \neq j}\text{InterDis}(C_i, C_j)$　$\text{InterDis}(C_i, C_j) = W_{ij} \times d(c_i, c_j)$； $v_{uN}(nc)$、$v_{oN}(nc)$ 为归一化后的 $v_u(nc)$、$v_o(nc)$

表 5.5　DVI 和基于权重的 DVI（WDVI）

CVI	算法
DVI	$\text{DVI} = \min_{i=1,2,\cdots,K}\left\{\begin{array}{l}\text{IntraRatio}(i) + \\ \gamma\text{InterRatio}(i)\end{array}\right\}$，其中，$\text{IntraRatio}(i) = \dfrac{\text{Intra}(i)}{\text{MaxIntra}}$，$\text{InterRatio}(i) = \dfrac{\text{Inter}(i)}{\text{MaxInter}}$； $\text{Intra}(i) = \dfrac{1}{N}\sum_{j=1}^{i}\sum_{x \in C_j}\left\|x - c_j\right\|^2$，$\text{MaxIntra} = \max_{i=1,2,\cdots,K}(\text{Intra}(i))$； $\text{Inter}(i) = \dfrac{\text{Max}_{k,j}\left(\text{InterDis}(C_k, C_j)^2\right)}{\text{Min}_{k \neq j}\left(\text{InterDis}(C_k, C_j)^2\right)} \times \sum_{k=1}^{i}\left(\dfrac{1}{\sum_{j=1}^{i}\left(\text{InterDis}(C_k, C_j)\right)}\right)$； $\text{InterDis}(C_i, C_j) = \left\|c_i - c_j\right\|$；$\text{MaxInter} = \max_{i=1,2,\cdots,K}(\text{Inter}(i))$

CVI	算法
WDVI	$\text{WDVI} = \min\limits_{i=1,2,\cdots,K}\begin{Bmatrix} \text{IntraRatio}(i) \\ +\gamma\,\text{InterRatio}(i) \end{Bmatrix}$，其中，$\text{IntraRatio}(i) = \dfrac{\text{Intra}(i)}{\text{MaxIntra}}$；$\text{InterRatio}(i) = \dfrac{\text{Inter}(i)}{\text{MaxInter}}$； $\text{Intra}(i) = \dfrac{1}{N}\sum\limits_{j=1}^{i}\sum\limits_{x\in C_j}\left\Vert x-c_j\right\Vert^2$；$\text{MaxIntra} = \max\limits_{i=1,2,\cdots,K}\left(\text{Intra}(i)\right)$； $\text{Inter}(i) = \dfrac{\text{Max}_{k,j}\left(\text{WeightedInterDis}\left(C_k,C_J\right)^2\right)}{\text{Min}_{k\neq j}\left(\text{WeightedInterDis}\left(C_k,C_J\right)^2\right)} \times \sum\limits_{k=1}^{i}\left(\dfrac{1}{\sum_{j=1}^{i}\left(\text{WeightedInterDis}\left(C_k,C_j\right)\right)}\right)$； $\text{WeightedInterDis}\left(C_i,C_J\right) = W_{ij} \times \left\Vert c_i - c_j\right\Vert$； $\text{MaxInter} = \max\limits_{i=1,2,\cdots,K}\left(\text{Inter}(i)\right)$

　　基于分群策略的调度模型采用相邻 *K*-means 算法生成机器群组。为保证生成的机器群组满足柔性流水车间的生产调度特性，该算法将同一加工工序的所有并行机器作为一个单独的类。如专栏 5.2 所示，相邻 *K*-means 算法主要包括两个步骤：①考虑机器群组数量所有可能的取值，通过机器分配算法生成机器群组；②采用 CVI 对得到的所有聚类结果进行评价，从中找到一组最优的机器群组。通过上述方法，相邻 *K*-means 算法可以在未事先给定类别数量的情况下将柔性流水车间分解为一系列机器群组。

专栏 5.2　相邻 *K*-means 算法

　　令 *k*=1，重复如下过程直至 $k = K_{\max}$（$K_{\max}$ = 柔性流水车间工序数）

　　1. 从柔性流水车间中随机选取 *k* 个机器群组中心点，每个中心点仅包括某一加工工序中的所有并行机器。

　　2. 遍历所有工序，通过机器分配算法将每个工序中的并行机器划分到最近的中心点。

　　3. 对于每个新的机器群组，重新确定新的中心点。

　　4. 重复步骤 2 和步骤 3，直到这 *k* 个机器群组中心点不再变化，或执行了足够多的迭代。

　　5. 计算机器群组的 CVI。

　　根据计算得到的 CVI，确定最优的机器分组。

5.5　机器群组调度方法选择策略

5.5.1　基于 BPN 的机器群组随机特性预测模型

机器群组的随机特性可以用 MDSG 进行测度。根据假设 5.2，对于含有工序 1 的机器群组，所有的工件都可以在 0 时刻开始加工。对于其他机器群组，工件将按照 FCFS 的原则在并行机器上加工。因此，需要在工件同时到达和工件随机到达两种场景下分别建立用于预测 MDSG 的 BPN 网络。

作为目前应用最广泛的神经网络模型之一，BPN 是一种按误差逆向传播算法训练的多层前馈网络，它能够学习和存贮大量的输入—输出模式映射关系。分群调度策略通过 BPN 对 K-means 算法生成机器群组的随机特性进行预测。BPN 的网络结构如图 5.4 所示，包含有输入层、输出层和一个隐藏层。BPN 网络的相关参数设置如下。

·输入：输入包括工序数、工件数、并行机器数、随机建模参数。每个随机建模参数（F_1，F_2，$\cdots$，F_n）是机器群组中所有机器相关参数的均值。

·隐藏层层数：1。为了减少 BPN 网络的训练时间，用于预测 MDSG 的 BPN 网络只设置 1 个隐藏层。

·隐藏层神经元数：2~20。隐藏层神经元数目对 BPN 网络性能的影响很大。目前对于如何选取最优的隐藏层神经元数还没有完善的理论，通常采用试误法。针对工件同时到达和工件随机到达两种场景，分别构建多个具有不同数目神经元的 BPN 网络，然后利用训练样本进行训练，最后采用均方误差对所有的 BPN 网络进行评价。均方误差最小的 BPN 网络所对应的神经元数将作为隐藏层的神经元数。

·输出：输出为 MDSG。对于考虑单一不确定事件下的 FFSP，首先用 GA 和 SPT 分别得到 makespan，然后根据式（5.3）计算 MDSG。

·训练次数：100。BPN 的性能依赖于网络的初始条件，选取不同的初始条件，MDSG 预测模型将对特定结构的 BPN 训练 100 次。

·训练样本：考虑工件同时到达和工件随机到达两类场景，分别生成 BPN 的训练样本。对于 BPN 的典型输入构建单一不确定事件下的 FFSP，分别用 GA 和 SPT 进行优化求解，并根据式（5.3）得到 BPN 的输出 MDSG。由于考虑了生产环境中的不确定事件，因此在调度问题的求解过程中将使用蒙特卡罗模拟方法进行生产过程的仿真。

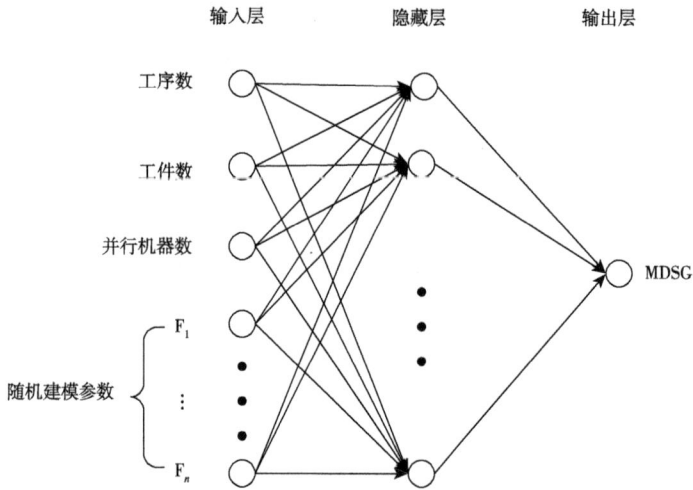

图 5.4　BPN 网络结构示意图

图 5.5 描述了机器群组调度方法的选择过程。对于工件同时到达和工件随机到达两种场景，分别构建具有不同数目神经元的 BPN 网络，通过样本对网络进行训练和测试，最终选出最优的 BPN 用于机器群组随机特性 MDSG 的预测。工件同时到达场景下得到的 BPN 网络可用于估算第一个机器群组的 MDSG，而工件随机到达场景下的 BPN 网络将用于预测其他机器群组的 MDSG。若机器群组随机特性 MDSG 的预测值为正，将采用 GA 生成调度方案；反之，采用 SPT 生成调度方案。

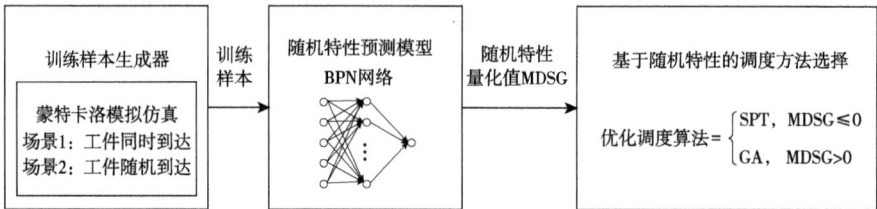

图 5.5　机器群组的调度方法选择

5.5.2　机器群组合并

尽管 BPN 网络可以为随机特性不同的机器群组选择适当的优化调度算法，但相邻机器群组所分配的优化调度算法可能相同。分群调度策略采用机器群组合并算法对优化调度方法相同的机器群组进行合并，该算法的基本步骤如下。

步骤 1：找出使用相同优化调度算法的两个相邻的机器群组。

步骤 2：对找到的机器群组进行合并，并利用 BPN 网络为合并后的机器群组确定优化调度算法。

步骤 3：重复步骤 1 和步骤 2，直到任意相邻的机器群组所分配的优化调度算法不同为止。

考虑到相邻机器群组的合并，完整的机器群组调度方法选择过程如图 5.6 所示。机器群组的调度方法选择主要包含两个过程：①根据训练样本建立 BPN；②合并优化调度算法相同的机器群组。

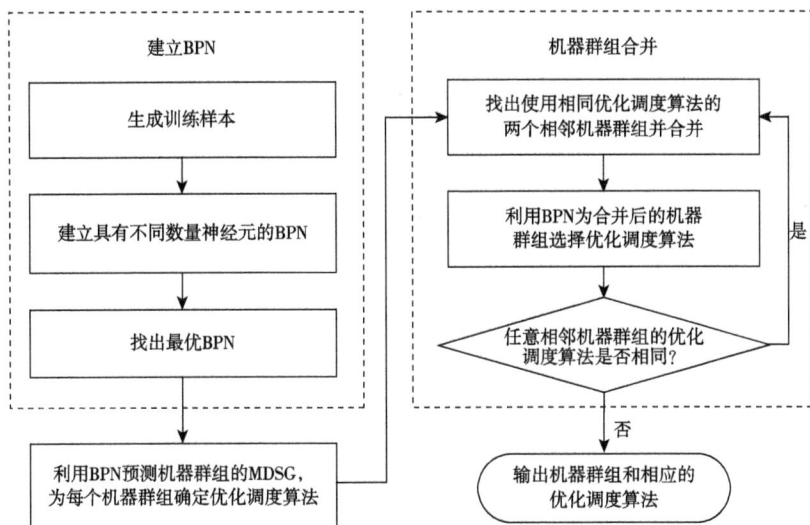

图 5.6　考虑机器群组合并的调度方法选择

5.6　机器群组调度问题求解方法

5.6.1　最短加工时间算法

SPT 算法是一种典型的分派规则。SPT 将工件的加工时间由短到长进行排序，优先选择加工时间最短的工件进行加工。该算法具有计算复杂度低、实时性高等特点，在随机特性较高的生产环境中具有较好的动态适应性，可用于随机特性较高的机器群组的优化调度。在求解单一不确定事件下机器群组的调度子问题时，SPT 算法主要包括以下两个步骤。

步骤 1：将工序 1 中代加工的工件按照加工时间由短到长进行排序，当并行机器空闲时优先处理加工时间最短的工件。

步骤 2：除工序 1 外，其他工序的并行机器按照 FCFS 的原则加工工件。

5.6.2 遗传算法

对于单一不确定事件下机器群组的调度子问题，GA 能够利用全局信息生成调度方案，当机器群组随机特性较低时其优化性能较好。与 SPT 求解机器群组调度子问题的步骤类似，GA 用于确定工件在工序 1 的并行机器上加工的先后顺序，工件在其他工序并行机器上的加工顺序遵循 FCFS 规则。

1. 染色体编码

染色体编码将所研究问题的解用一种码来表示，以便使问题的状态空间与 GA 的码空间相对应。在编码的基础上，GA 可以实现类似于生物进化过程中的交叉和变异操作，因此编码方法将影响 GA 的优化性能。根据柔性流水车间的生产特性，FFSP 的解是一个关于工件加工的序列。由于基于工件顺序的编码方式简单实用、便于理解，在关于 FFSP 的研究中应用较为广泛，因此这里采用此方法进行编码。例如，对于工件数为 10 的 FFSP，{1, 8, 6, 7, 10, 3, 5, 2, 4, 9}为调度问题的一个解，该解表示最先加工 1 号工件，然后是 8 号工件，以此类推最后是 9 号工件。

2. 种群的初始化

进化过程中的多个个体组成了种群，GA 对种群中的个体进行遗传操作，因此初始种群对 GA 后续的搜索和寻优有着重要影响。初始解可以为算法提供一些解空间的信息，多样性的个体有助于遍历优化问题的解空间、提高最优解的质量，但是算法的收敛速度较慢。而利用启发式算法或经验选择一些较好的解作为初始种群，可以给 GA 提供一个较好的优化起点，但这种方法选取的个体缺乏代表性，GA 容易陷入局部最优。考虑到搜索的质量和效率，将同时采用一些简单规则和随机方法生成 GA 的初始种群。

设初始种群包含 P_s 个个体，用随机初始化的方法生成 P_s-1 个个体，同时利用经典的启发式方法 NEH 算法产生 1 个个体。NEH 算法最早由 Nawaz、Enscore 和 Ham 于 1983 年提出，其基本思想是在同一台机器上加工时间长的工件应比加工时间短的工件次序靠前，通过这样的规则逐步将工件加入。NEH 算法的具体步骤请参见 3.5.3 小节。

3. 适应度评价与选择操作

适应度表示种群中某一个体对环境的适应能力，可用于评价 GA 算法中解的优劣程度。适应度值越大，解的质量就越好。在得到当代种群后，需要计算出所有个体的 makespan（C_{max}）。显然 C_{max} 越小的个体，解的质量就越好，因此可将评价个体好坏的适应度函数设为 $1/C_{max}$。

在种群的进化过程中，根据个体适应度值的优劣程度，选择操作可以使性能较好的个体以更高的概率存活下来，避免有效基因的损失，从而可以加快 GA 的收敛速度。个体的适应度越高，个体被选中的概率就越大；反之，被选中的概率就越小。对于种群中优势个体的选择，可以先利用最优个体保存策略，将当代种群中的最优的个体保存，然后对剩下的个体使用轮盘赌方法进行选择。轮盘赌方法的具体过程请参见 3.5.5 小节。

4. 交叉操作和变异操作

交叉操作是指对两个或两个以上父个体依据交叉概率 P_c 按某种方式相互交换部分基因，从而将父代中的优良基因保留到子代。交叉操作是 GA 区别于其他进化算法的重要特征，它决定了算法的全局搜索能力。GA 的性能很大程度上依赖交叉操作的有效性。对于 FFSP，使用次序保留交叉算子生成子代。其操作过程请参见 3.5.7 小节。

变异操作可以增强 GA 的局部搜索能力，它依据变异概率 P_m 随机改变个体的基因片段来增强种群的多样性。在变异过程中，变异操作只能对变异个体进行较小的扰动，以避免优良信息及优良信息片段被破坏。对于以工件顺序编码的 FFSP，使用移码变异算子进行变异操作。其操作过程请参见 3.5.8 小节。

5. 终止条件

当种群进化过程满足终止条件时，把当前搜索得到的最好个体作为优化问题的解。终止条件一般是当最优个体的适应度达到给定的阈值，或者最优个体的适应度和群体适应度不再上升，或者迭代次数超过了预设的代数，或者算法计算时间已超过设定的计算时间等。在使用 GA 生成调度方案时，设定迭代次数达到最大时停止进化。

5.6.3　遗传算法关键参数调节

影响 GA 优化性能的关键参数包括种群规模 P_s、算法迭代次数 T、交叉概率 P_c 和变异概率 P_m。以种群规模 P_s 为例，P_s 值越大，种群的多样性就越高，获得最优解的概率就越大，但算法的计算成本较高；反之，解的质量较差，但算法的计算成本较低。确定最优参数值组合的方法有多种，较为常用的方法包括全因子实验设计和正交实验设计。分群调度策略采用正交实验设计确定种群规模 P_s、算法迭代次数 T、交叉概率 P_c 和变异概率 P_m 的取值。关于正交实验设计方法的详细介绍请参见 4.2.3 小节的 "3. 确定混合算法的关键参数取值"。

表 5.6 给出了正交实验设计中参数 P_s、T、P_c、P_m 的各个水平。对于这样一个四因素四水平的实验，按照全因子实验设计需要进行 $4^4 = 256$ 次实验。若按 $L_{16}(4^4)$ 正交表安排实验，只需进行 16 次实验。如表 5.7 所示，本节将采用 $L_{16}(4^4)$ 的正交表进行实验。该实验以 30×10×2（工件数×工序数×并行机器数）作为实验算例。

针对每种参数组合，分别使用 GA 求解实验算例 10 次，并取 makespan 的平均值作为实验评价指标。

表 5.6　GA 的参数水平

参数	水平			
	1	2	3	4
种群规模	100	200	300	400
迭代次数	100	200	300	400
交叉次数	0.6	0.7	0.8	0.9
变异概率	0.05	0.1	0.15	0.2

表 5.7　$L_{16}(4^4)$ 正交表

参数组合	参数水平			
	种群规模	迭代次数	交叉概率	变异概率
1	1	1	1	1
2	1	2	2	2
3	1	3	3	3
4	1	4	4	4
5	2	1	2	3
6	2	2	1	4
7	2	3	4	1
8	2	4	3	2
9	3	1	3	4
10	3	2	4	3
11	3	3	1	2
12	3	4	2	1
13	4	1	4	2
14	4	2	3	1
15	4	3	2	4
16	4	4	1	3

根据正交实验获取的数据，表 5.8 给出了参数 P_s、P_c、P_m、T 的响应值。由表 5.8 可知，种群规模 P_s 的极差最大，对 GA 算法的性能影响最大，其次依次是迭代次数 T、交叉概率 P_c 和变异概率 P_m。图 5.7 描述了所考察参数的每个水平与平均 makespan 之间的关系。由图 5.7 可知，GA 关键参数的取值分别为 P_s=400、T=400、P_c=0.7、P_m=0.15。

表 5.8 参数响应值

水平	种群规模	迭代次数	交叉概率	变异概率
1	939.3	934.2	927.4	929.4
2	928.9	928.4	926.2	930.3
3	924.3	928.0	932.1	927.2
4	923.3	925.3	930.2	928.9
极差	16.2	8.9	5.9	3.1
等级	1	2	3	4

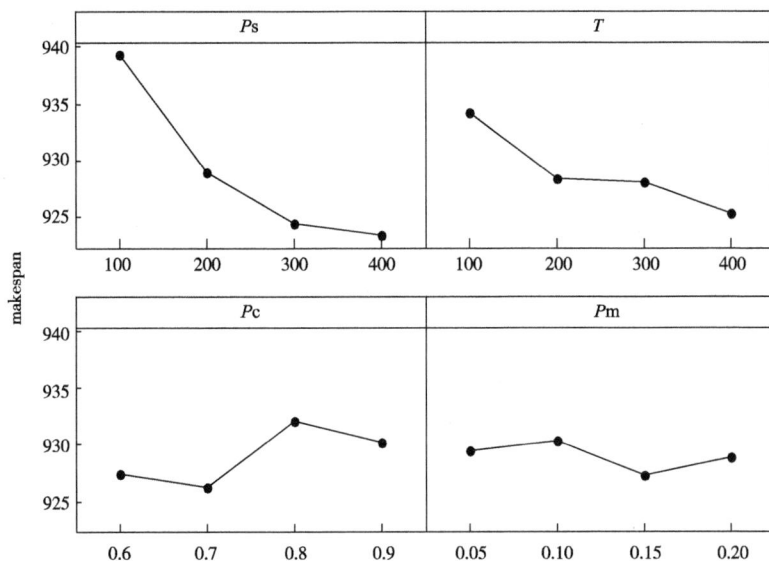

图 5.7 各参数不同水平对 GA 性能的影响

5.6.4 重调度策略

重调度策略包括周期性、事件驱动与混合决策等三种策略。在分群调度策略中,对于机器群组均采用事件驱动重调度策略来确定重调度时刻。

对于随机特性较低的机器群组,使用 GA 以获得较好的全局优化性能。为了尽可能地保持这些机器群组的原有调度,采用右移重调度重新生成调度方案,使得每台机器上工件的加工顺序不变,受不确定事件影响的工件将推迟加工直到调度可行。由于使用 SPT 生成调度方案,因此当动态事件发生后,随机特性较高的机器群组将按照 FCFS 规则确定工件在机器上的加工时间,以获得较好的动态适应性。

5.7 本章小结

　　本章结合柔性流水车间的生产特点，详细介绍了考虑单一不确定事件的分群调度策略。该调度策略采用高度互补的两类优化调度算法（预测-反应式方法和完全反应式方法）生成调度方案。为了充分发挥预测-反应式方法和完全反应式方法各自的优势，分群调度策略根据生产环境中随机特性的大小动态选择优化调度算法，即生产环境随机特性较低时采用预测-反应式方法进行调度，生产环境随机特性较高时采用完全反应式方法进行调度。

　　分群调度策略对复杂生产环境下 FFSP 的求解分为三个步骤：首先，把柔性流水车间中的机器分解成具有不同随机特性的机器群组，从而把调度问题转换成一系列基于机器群组的调度子问题；其次，根据机器群组随机特性的大小确定每个调度子问题的优化调度算法；最后，分别根据所分配的优化调度算法对每个调度子问题分别进行优化求解。

第6章 单一不确定事件下基于分群策略的柔性流水车间调度

6.1 引　　言

第5章介绍的分群调度策略在考虑单一不确定事件的条件下，可以根据生产环境中随机特性的大小动态选择优化调度算法。该策略在生产环境随机特性较低时采用 GA 进行调度，而在生产环境随机特性较高时采用 SPT 算法进行调度。

为了验证分群调度策略的有效性，本章将分别对以下两类 FFSP 进行优化求解。

（1）考虑机器故障的 FFSP。

（2）考虑加工时间变动的 FFSP。

对于每一类复杂生产环境下的 FFSP，通过对 27 个不同的调度问题进行测试，以比较分群调度算法、GA 和 SPT 的优化性能。

6.2 考虑机器故障的柔性流水车间分群调度

6.2.1 问题描述

制造企业正面临着复杂多变的动态生产环境，已有的生产调度研究往往出于简化系统模型的需要，只考虑静态、无干扰的生产环境，然而实际生产过程具有多变的动态特性，存在各种各样的不确定因素。其中，机器故障是最常见的一类动态扰动事件。在调度方案的执行过程中，机器会发生随机故障，并在故障后被及时修复。机器故障通常可用 MTTR、MTBF 和 BL 进行描述。关于 MTTR、MTBF 和 BL 的定义可参见 4.2.1 小节。

考虑机器故障的 FFSP 可以描述为，有 n 个工件需要进行加工，所有工件的加工路线相同，都需要依次经过 t 道工序，每道工序拥有功能相同的并行机器。当工件经历第 S 道工序时，可以在该工序的任意一台机器上加工，工件加工过程中机器可能会发生故障。求解考虑机器故障的 FFSP 需要为工件的每道工序选择合适的机器，并确定同一机器上各工件加工的先后顺序。传统的 FFSP 属于 NP 难问题，被学术界认为是最难求解的组合优化问题之一。如果再考虑可能发生的机器故障，该调度问题更加难于求解。

出于简化研究问题的需要，对考虑机器故障的 FFSP 做出如下假设：

假设 5.1~假设 5.6。

假设 6.1：机器在加工工件时会发生故障，故障修复后可立即开始加工工件。

假设 6.2：每道工序的并行机器具有相同的 MTTR 和 BL。

假设 6.3：机器发生故障后，修复时间服从期望为 MTTR 的指数分布。

假设 6.4：同一台机器相邻两次故障的间隔时间服从期望为 MTBF 的指数分布。

假设 6.5：除机器故障外，柔性流水车间的生产过程不受其他随机事件的影响。

为了便于对优化问题进行描述，定义以下符号：

k：工序序号，$1 \leqslant k \leqslant t$

m_k：工序 k 的并行机器数

M_k：工序 k 的并行机器集

i, i_1, i_2：机器序号，$1 \leqslant i, i_1, i_2 \leqslant m_k$

j, j_1, j_2：工件序号，$1 \leqslant j, j_1, j_2 \leqslant n$

C_{kj}：第 j 个工件的第 k 道工序在并行机器上的完成时间

$B_{kij_1j_2}$：$B_{kij_1j_2} = \begin{cases} 1, & \text{在第}k\text{道工序的机器}i\text{上，加工完第}j_1\text{个工件后} \\ & \text{立即加工第}j_2\text{个工件} \\ 0, & \text{否则} \end{cases}$

U_{kij}：$U_{kij} = \begin{cases} 1, & \text{第}j\text{个工件的第}k\text{道工序首先在机器}i\text{上加工} \\ 0, & \text{否则} \end{cases}$

F_{kj}：$F_{kj} = \begin{cases} 1, & \text{第}j\text{个工件的第}k\text{道工序在加工过程中，机器发生故障} \\ 0, & \text{否则} \end{cases}$

$E(P_{kj})$：第 j 个工件的第 k 道工序在并行机器上的预期加工时间

$E(P_{kij})$：第 j 个工件的第 k 道工序在机器 i 上的预期加工时间

TRT_{kij}：当第 j 个工件的第 k 道工序在机器上加工时，机器出现故障后所需修复时间

ST_{kij}：第 j 个工件的第 k 道工序在机器 i 上的开始加工时间

FFSP 的优化准则有多种，通常与生产时间或延迟时间相关。最常见的优化准

则以最小化 makespan 为目标，其数学模型如下：

$$\min\{\max[C_{kj}]\} \tag{6.1}$$

其中，C_{kj} 是工件 j 第 k 道工序的完工时间。

约束方程如下：

$$C_{1j} = E\left(P_{1j}\right) + F_{1j} \times \mathrm{TRT}_{1j}, \quad \text{if} \ \sum_{i=1}^{m_1} U_{1ij} > 0 \tag{6.2}$$

$$C_{1j_2} = \sum_{i=1}^{m_1} \sum_{j_2=1}^{n} \left(B_{1ij_1 j_2} \times C_{1j_1}\right) + E\left(P_{1j_2}\right) + F_{1j_2} \times \mathrm{TRT}_{1j_2}, \quad \text{if} \ \sum_{i=1}^{m_1} U_{1ij_2} = 0 \tag{6.3}$$

$$C_{kj} = C_{(k-1)j} + E\left(P_{kj}\right) + F_{kj} \times \mathrm{TRT}_{kj}, \quad \text{if} \ k>1 \ \& \ \sum_{i=1}^{m_k} U_{kij} > 0 \tag{6.4}$$

$$C_{kj_2} = \max\Big\{ \sum_{i=1}^{m_k} \sum_{j_2=1}^{n} \left(B_{kij_1 j_2} \times C_{kj_1}\right), \ C_{(k-1)j_2} \Big\} + E\left(P_{kj_2}\right) + F_{kj_2} \times \mathrm{TRT}_{kj_2}, \tag{6.5}$$

$$\text{if} \ k>1 \ \& \ \sum_{i=1}^{m_k} U_{kij_2} = 0$$

$$\mathrm{ST}_{kij} \geqslant 0 \tag{6.6}$$

$$E\left(P_{ki_1 j}\right) = E\left(P_{ki_2 j}\right) = E\left(P_{kj}\right), \quad (i_1, i_2) \in M_k \tag{6.7}$$

$$\mathrm{ST}_{(k+1)i_1 j} - \mathrm{ST}_{ki_2 j} \geqslant E\left(P_{ki_2 j}\right) \tag{6.8}$$

$$\left[\left(\mathrm{ST}_{kij_1} - \mathrm{ST}_{kij_2}\right) \geqslant E\left(P_{kij_2}\right)\right] \ \text{or} \ \left[\left(\mathrm{ST}_{kij_2} - \mathrm{ST}_{kij_1}\right) \geqslant E\left(P_{kij_1}\right)\right] \tag{6.9}$$

其中，式（6.1）为目标函数；式（6.2）和式（6.3）表示工件第 1 道工序的加工完成时间；式（6.4）和式（6.5）表示工件其他工序的加工完成时间；式（6.6）保证每个工件的开始加工时间必须为正；式（6.7）保证同一工件在不同并行机器上的预期加工时间相同；式（6.8）表示工件的加工开始时间的约束，即每一个工件只有在上道工序加工完成后才能开始下一道工序的加工；式（6.9）保证同一时刻同一台机器只能加工一个工件。

6.2.2　考虑机器故障的分群调度模型

由于可用 MTTR 和 BL 描述机器故障，分群调度模型将 MTTR 和 BL 作为随机建模参数。根据假设 6.2，柔性流水车间中每道工序的并行机器具有相同的 MTTR 和 BL，因此工序 k 中并行机器的随机特性 V_k 可以表示为

$$V_k = \left[\beta_1 \times \mathrm{BL}_k, \ \beta_2 \times \mathrm{MTTR}_k\right] \tag{6.10}$$

其中，BL_k 和 MTTR_k 分别为工序 k 中并行机器的 BL 和 MTTR；β_1 和 β_2 分别为 BL_k 和 MTTR_k 的权重。BL 和 MTTR 越大，并行机器的随机特性就越高，相应地实际调度方案偏离原调度方案就会越严重。

　　除了随机向量 V_k，MDSG 也可用于描述机器的随机特性。根据 6.2.3 小节中 "2.生成 BPN 训练样本" 的散点图，MDSG 与 BL 和 MTTR 之间都存在一定的线性关系。因此，V_k 的权重 β_1 和 β_2 可通过下面的线性回归方程求得。

$$MDSG = \beta_0 + \beta_1 \times BL + \beta_2 \times MTTR \tag{6.11}$$

　　根据描述机器特性的随机向量 V_k，不同工序并行机器的随机特性差异可定义如下：

$$D(V_i, V_j) = \left\| V_i - V_j \right\|_2 = \sqrt{\beta_1^2 \times (BL_i - BL_j)^2 + \beta_2^2 \times (MTTR_i - MTTR_j)^2} \tag{6.12}$$

其中，V_i 和 V_j 分别为工序 i 和工序 j 中并行机器的随机向量；BL_k 和 $MTTR_k$ 分别表示工序 k 中并行机器的 BL 和 MTTR；$D(V_i, V_j)$ 为工序 i 和工序 j 中并行机器的随机特性差异。

　　基于分群策略的调度模型可使用相邻 K-means 算法生成机器群组。同一机器群组内机器的随机特性相近，而不同机器群组间机器的随机特性差异较大。机器群组的随机特性可通过 BPN 网络进行预测，以便为机器群组选择适当的优化调度算法。在只考虑机器故障的生产环境下，BPN 的网络结构如图 6.1 所示。BPN 的输入包括工序数、工件数、并行机器数、机器群组的平均 MTTR 和平均故障率。考虑到生产环境中的机器故障，根据 5.5.1 小节中介绍的方法可生成用于构建 BPN 的训练样本。

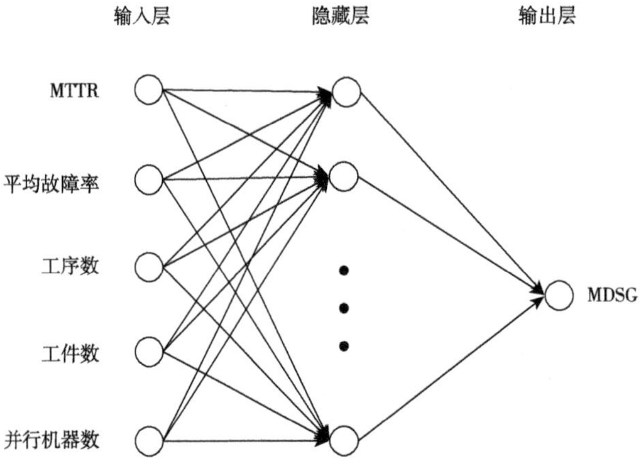

图 6.1　考虑机器故障的 BPN 结构

　　为了分析分群调度模型的性能，可通过蒙特卡罗仿真方法模拟柔性流水车间的实际生产调度过程。当机器发生故障时，仿真算法采用右移重调度重新生成调度方案。考虑机器故障的调度仿真算法和机器故障处理算法可参见专栏 4.1

和专栏 4.2。其中，相邻故障间隔时间和故障修复时间均服从指数分布。

6.2.3　实验结果与分析

1. 实验设计

上述考虑机器故障的分群调度算法用 Matlab R2012b 编程实现。算法运行环境如下：CPU 为 Intel® Core™ i5 2.60 GHz，内存为 3.15G，操作系统为 Win7。实验测试共分为四个部分：①构建用于估计机器群组随机特性的 BPN 网络；②确定用于描述机器随机特性的随机向量；③考虑权重的 CVI 比较分析；④分群调度算法性能分析。

为了测试分群调度策略的优化性能，实验②和实验③中分别对 27 个不同的 FFSP 进行测试。测试问题的参数设置如下：待加工工件数 $n \in \{20, 30, 40\}$，工序数 $t \in \{6, 10, 15\}$，并行机器数 $m \in \{2, 3, 4\}$；工件在机器上的加工时间服从区间[1, 20] 上的均匀分布，平均加工时间 AP=10；每台机器的 BL 服从区间[0.01, 0.1]上的均匀分布，机器故障后的 MTTR 为 AP 或者 2.5AP。为了尽量消除算法的随机性带来的误差，每个 FFSP 分别用相关优化算法求解 20 次。

2. 生成 BPN 训练样本

分群调度策略采用 BPN 预测机器群组的随机特性,并根据随机特性的大小确定合适的优化调度算法。对于工件同时到达和工件随机到达两种场景，需要分别构建训练样本对 BPN 进行训练和测试。BPN 的输入包括工序数、工件数、并行机器数、机器群组的 MTTR 和平均故障率。表 6.1 给出了用于生成训练样本的典型输入值。针对每种场景，通过遍历所有 BPN 输入值的组合，共生成 21 600（10×6×10×6×6 = 21 600）个训练样本。

表 6.1　考虑机器故障的 BPN 输入

输入	取值
平均故障率	0.01, 0.02, …, 0.1
MTTR	1AP[1]), 1.3AP, 1.6AP, 1.9AP, 2.2AP, 2.5AP
工序数	1, 2, …, 10
工件数	20, 25, 30, 35, 40, 45
并行机器数	2, 3, 4, 5, 6, 7

1）AP 为每道工序的平均加工时间

方差分析（analysis of variance，ANOVA）是一种非常实用、有效的统计研究方法，常用于检验有关因素对实验结果影响的显著性。本节采用方差分析研究机器群组的平均故障率、MTTR、工序数、工件数和并行机器数对 MDSG 的影响效应。表 6.2 和表 6.3 分别给出了工件同时到达和工件随机到达两种场景下考虑机器故障的多因素方差分析表，显著性水平 $\alpha = 0.05$。根据以上两个表中的 P 值，可以看出不同场景下的平均故障率、MTTR、工序数、工件数和并行机器数对 MDSG 的平均值均有显著影响。这从另外一个角度说明可以将以上五个参数作为 BPN 的输入，用于估计机器群组的 MDSG。

表 6.2　工件同时到达场景下考虑机器故障的多因素方差分析表

差异源	SS	DF	MS	F-ratio	P-value
平均故障率	128.142	9	14.237 944	2 113.010	<0.001
MTTR	8.290	5	1.658 020	246.060	<0.001
工序数	31.592	9	3.510 255	520.950	<0.001
工件数	22.996	5	4.599 260	682.560	<0.001
并行机器数	12.393	5	2.478 640	367.850	<0.001
实验误差	145.316	21 566	0.006 738		
总计	348.730	21 599			

表 6.3　工件随机到达场景下考虑机器故障的多因素方差分析表

差异源	SS	DF	MS	F-ratio	P-value
平均故障率	31.383	9	3.487 011	1 681.110	<0.001
MTTR	3.922	5	0.784 340	378.140	<0.001
工序数	6.794	9	0.754 889	363.930	<0.001
工件数	7.332	5	1.466 440	706.980	<0.001
并行机器数	3.542	5	0.708 360	341.510	<0.001
实验误差	44.733	21 566	0.002 074		
总计	97.706	21 599			

为了进一步说明 MDSG 与机器群组的平均故障率、MTTR、工序数、工件数和并行机器数之间的关系，本节根据训练样本的输入和输出数据绘制了散点图。图 6.2 中的圆形散点和正方形散点分别代表工件同时到达和工件随机到达两种场景下的实验结果。根据图 6.2 可以得到如下结论：①MDSG 与机器群组的平均故障率、MTTR、工序数和工件数之间都具有一定的线性关系，而 MDSG 随着并行机器数的增加先减小再增大；②不同场景下的散点图差异较大，这说明针对不同的

场景应采用不同的 BPN 估算 MDSG。

　　对于工件同时到达和工件随机到达两种场景,按照 5.5.1 小节中所述方法分别生成训练样本。针对每一个场景,采用试误法构建多个具有不同数量神经元的 BPN,然后利用训练样本进行训练并对每一个 BPN 进行评价,最后选取均方误差最小的 BPN 用于机器群组随机特性 MDSG 的预测。图 6.3 分别描述了工件同时到达和工件随机到达两种场景下 BPN 的均方误差与隐藏层中神经元数量之间的关系。如图 6.3 所示,工件同时到达和工件随机到达两种场景下 BPN 的最优神经元数分别为 8 和 12,相应地具有最优神经元数的 BPN 将用于估计机器群组的 MDSG。

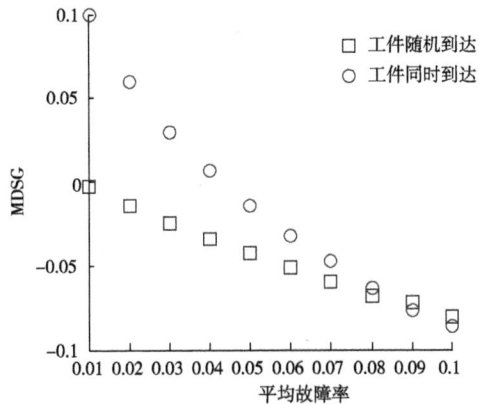

（a）平均故障率与MDSG

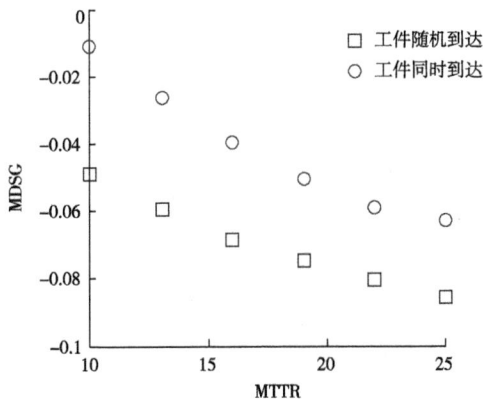

（b）MTTR与MDSG

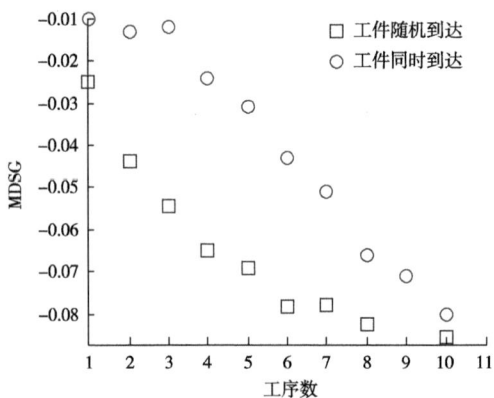

（c）工序数与MDSG

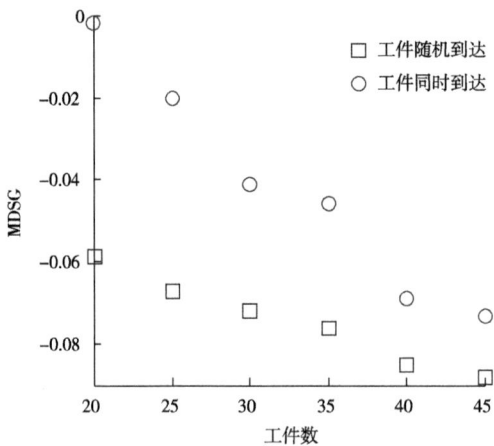

（d）工件数与MDSG

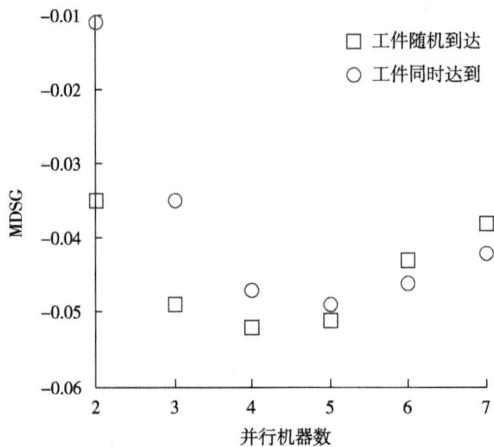

（e）并行机器数与MDSG

图 6.2　考虑机器故障的 MDSG 散点图

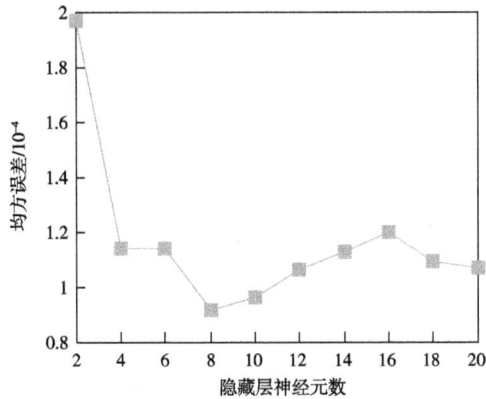

（a）工件同时到达

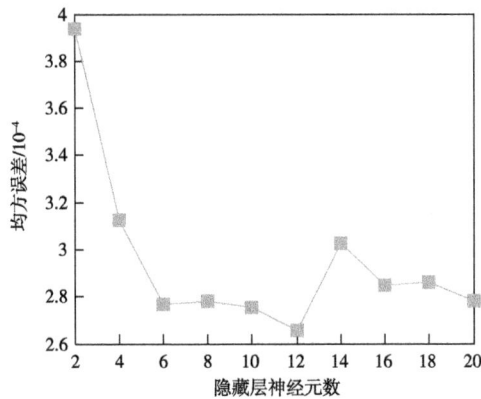

（b）工件随机到达

图 6.3　考虑机器故障的 BPN 均方误差

3. 确定随机向量

由于图 6.2 已表明 MDSG 与机器群组的平均故障率和 MTTR 之间存在线性关系，因此可使用式（6.11）描述上述 3 个参数之间的关系。对于工件同时到达和工件随机到达两种场景，分别对相应的训练样本数据进行多元回归分析。根据表 6.4 和表 6.5 的回归结果，可得到以下结论。

（1）两种场景下 BL 和 MTTR 的回归系数均为负，表明随着 BL 和 MTTR 的增加，MDSG 将会变小，这与图 6.2 中（a）和图 6.2 中（b）是一致的。事实上，BL 和 MTTR 较大的机器群组通常具有较高的随机动态特性，从而使 GA 的优化性能变差，最终导致 MDSG 变小。

（2）两种场景下回归模型的判定系数 $R^2 > 0.95$，说明在 MDSG 的变差中，能被 MDSG 与 BL、MTTR 的多元线性回归方程所解释的比例高于 95%。

综上所述，工件同时到达和工件随机到达两种场景下的回归结果表明式（6.11）

中的回归模型对样本数据的拟合程度较好。因此，表 6.4 和表 6.5 中的 β_1 和 β_2 可作为随机特性 V_k 中 BL_k 和 $MTTR_k$ 的权重。

表 6.4　工件同时到达场景下多元线性回归结果

参数	参数估计值	置信区间 （95%）
β_0	0.124	[0.109，0.138]
β_1	−2.311	[−2.443，−2.179]
β_2	−0.004	[−0.004，−0.003]
$R^2 = 0.959$，$F = 658.995$，$P < 0.001$		

表 6.5　工件随机到达场景下多元线性回归结果

参数	参数估计值	置信区间 （95%）
β_0	0.031	[0.024，0.038]
β_1	−1.308	[−1.372，−1.244]
β_2	−0.002	[−0.003，−0.002]
$R^2 = 0.970$，$F = 932.358$，$P < 0.001$		

4. 考虑权重的 CVI

在确定随机向量 V_k 的权重后，可以根据相邻 K-means 算法生成随机特性不同的机器群组。为了确定最佳的机器群组数，将采用 CVI 对聚类结果进行评价。本节将分别考察经典 CVI（Dunn、DB、Vsv、DVI）和基于权重的 CVI（WDunn、WDB、WVsv、WDVI）对相邻 K-means 算法性能的影响，并从中选取最适于机器群组结果评价的 CVI。

在考虑机器故障的情况下，通过对表 6.7 中 27 个 FFSP 的测试，本节比较了在相邻 K-means 算法中使用传统 CVI 和基于权重的 CVI 时分群调度算法的性能。表 6.6 给出了不同 CVI 所对应平均 makespan 的比值 R_{CVI}，其计算方式如下：

$$R_{CVI} = M_{CVI}/M_{Dunn} \tag{6.13}$$

其中，M_{CVI} 和 M_{CVI} 分别为使用某一特定 CVI 和使用 Dunn 进行聚类结果评价时分群调度算法得到的平均 makespan。

根据表 6.6 可得到以下结论：①在传统 CVI 的基础上，引入权重可提高分群调度算法的优化性能；②在所比较的四种基于权重的 CVI 中，使用 WDB 评价聚类结果时 R_{CVI} 最小，因此相邻 K-means 算法将使用 WDB 对机器分组结果进行评价。

表 6.6 考虑机器故障的 CVI 性能比较

传统 CVI				基于权重的 CVI			
Dunn	DB	V_{sv}	DVI	WDunn	WDB	WVsv	WDVI
1.000	1.002	1.002	1.006	0.995	0.990	0.995	1.006

5. 算法性能分析

为了验证分群调度算法的有效性，本节在考虑机器故障的情况下比较 SPT、GA、分群调度算法的优化性能。在本实验中，GA 和分群调度算法的关键参数取值保持一致，即种群规模 P_s=400，迭代次数 T=400，交叉概率 P_c=0.7，变异概率 P_m=0.15。如表 6.7 所示，为了比较不同算法的优化性能，将对 27 个 FFSP 进行测试。为了消除 GA 和分群调度算法的随机性带来的误差，对于每个 FFSP 分别用相关优化算法独立运行 20 次。

表 6.7 考虑机器故障情况下 SPT、GA 和分群调度算法的性能比较

工件数×机器数×工序数	SPT		GA		分群调度算法	
	BRE	ARE	BRE	ARE	BRE	ARE
20×6×2	3.74	4.51	3.58	4.21	0.05	0.14
20×6×3	2.68	3.23	3.45	4.23	0.17	0.22
20×6×4	2.32	2.88	5.96	7.12	0	0
20×10×2	4.39	5.24	5.41	6.53	0.06	0.08
20×10×3	2.21	2.65	8.02	9.62	0.15	0.21
20×10×4	1.65	1.98	7.06	8.44	0	0
20×15×2	4.15	4.94	4.11	4.92	0.20	0.24
20×15×3	1.94	2.39	5.12	6.09	0.22	0.29
20×15×4	1.25	1.50	7.56	9.12	0.14	0.21
30×6×2	5.23	6.37	3.46	4.36	0.13	0.18
30×6×3	2.18	2.64	6.95	8.23	0.18	0.25
30×6×4	3.21	3.94	5.72	6.83	0.32	0.46
30×10×2	3.95	4.79	6.15	7.44	0.14	0.18
30×10×3	3.15	3.72	7.30	8.93	0.36	0.47
30×10×4	2.32	2.78	9.52	12.52	0.24	0.31
30×15×2	0.68	0.82	6.04	7.31	0.27	0.38
30×15×3	1.51	1.86	7.22	8.94	0.19	0.26
30×15×4	1.81	2.17	9.16	11.14	0.39	0.51
40×6×2	3.12	3.73	1.61	1.97	0.18	0.21
40×6×3	3.21	3.95	6.80	8.21	0.20	0.27
40×6×4	1.30	1.58	8.52	10.12	0.43	0.57

工件数×机器数× 工序数	SPT		GA		分群调度算法	
	BRE	ARE	BRE	ARE	BRE	ARE
40×10×2	2.31	2.91	3.46	4.29	0.28	0.31
40×10×3	2.12	2.51	6.12	7.52	0.42	0.51
40×10×4	1.41	1.69	9.18	12.12	0.26	0.32
40×15×2	1.86	2.23	5.12	6.07	0.32	0.38
40×15×3	2.32	2.79	9.23	11.91	0.41	0.54
40×15×4	1.86	2.18	11.12	13.12	0.36	0.46
均值	2.51	3.04	6.41	7.83	0.22	0.29

表 6.7 给出了三种优化算法的性能测试结果，表 6.7 中的 BRE 和 ARE 分别为每种算法求得的解与 C_{best} 的相对偏差百分比的最小值和平均值，其计算公式分别如式（4.5）和式（4.6）所示。由于 C_{best} 为 SPT、GA 和分群调度算法所得到的最好解，因此 BRE 和 ARE 的值越小，算法的优化性能就越好。

根据表 6.7 中不同优化算法的 BRE 和 ARE，可以得到以下结论。

（1）对于规模较小的 FFSP，在考虑机器故障的情况下，GA 的优化性能好于SPT。随着问题中工序数和并行机器数的增加，柔性流水车间中的机器更易发生故障，从而使 GA 生成的调度方案性能变差，最终导致在求解规模较大的 FFSP 时SPT 比 GA 具有较好的优化性能。

（2）对于所有的测试问题，分群调度算法的 BRE 和 ARE 最小，说明其优化性能优于 SPT 和 GA，因此分群调度算法是求解考虑机器故障的 FFSP 的有效方法。

6.3　考虑加工时间变动的柔性流水车间分群调度

6.3.1　问题描述

除了机器故障之外，加工时间变动也是柔性流水车间中普遍存在的一类不确定事件。受机器新旧程度、加工工具磨损、操作工人技能水平差异等多种因素的影响，工件在机器上的实际加工时间可能与预期的加工时间不同。加工时间的不确定性通常可用 CPTV 进行描述。关于 CPTV 的定义请参见式（4.7）。

出于简化研究问题的需要，对考虑加工时间变动的 FFSP 做出如下假设：

假设 5.1~假设 5.6。

假设 6.6：工件在柔性流水车间机器上的加工时间具有不确定性，可以长于预期的加工时间，也可以短于预期的加工时间。

假设 6.7：由于每道工序的并行机器完全相同，因此它们具有相同的 CPTV。不同工序并行机器的 CPTV 可能不同。

假设 6.8：在柔性流水车间的生产过程中，工件的实际加工时间服从均值为 $E(P)$，标准差为 $\sigma = \mathrm{CPTV} \times E(P)$ 的伽马分布。

假设 6.9：除加工时间变动外，柔性流水车间的生产过程不受其他随机事件的影响。

本节考虑加工时间变动的 FFSP 以最小化 makespan 为优化目标，其数学模型如式（6.1）所示。相关约束方程如下：

$$C_{1j} = S\left(P_{1j}\right), \quad \text{if } \sum_{i=1}^{m_1} U_{1ij} > 0 \tag{6.14}$$

$$C_{1j_2} = \sum_{i=1}^{m_1}\sum_{j_2=1}^{n}\left(B_{1ij_1j_2} \times C_{1j_1}\right) + S\left(P_{1j_2}\right), \quad \text{if } \sum_{i=1}^{m_1} U_{1ij_2} = 0 \tag{6.15}$$

$$C_{kj} = C_{(k-1)j} + S\left(P_{kj}\right), \quad \text{if } k > 1 \ \& \ \sum_{i=1}^{m_k} U_{kij} > 0 \tag{6.16}$$

$$C_{kj_2} = \max\left\{ \sum_{i=1}^{m_k}\sum_{j_2=1}^{n}\left(B_{kij_1j_2} \times C_{kj_1}\right),\ C_{(k-1)j_2} \right\} + S\left(P_{kj_2}\right),$$
$$\text{if } k > 1 \ \& \ \sum_{i=1}^{m_k} U_{kij_2} = 0 \tag{6.17}$$

$$\mathrm{ST}_{kij} \geqslant 0$$

$$E\left(P_{ki_1j}\right) = E\left(P_{ki_2j}\right) = E\left(P_{kj}\right), \quad (i_1, i_2) \in M_k$$

$$\mathrm{ST}_{(k+1)i_1j} - \mathrm{ST}_{ki_2j} \geqslant S\left(P_{ki_2j}\right)$$

$$\left[\left(\mathrm{ST}_{kij_1} - \mathrm{ST}_{kij_2}\right) \geqslant S\left(P_{kij_2}\right)\right] \text{ or } \left[\left(\mathrm{ST}_{kij_2} - \mathrm{ST}_{kij_1}\right) \geqslant S\left(P_{kij_1}\right)\right]$$

其中，$S(P_{kj})$ 为第 j 个工件的第 k 道工序在并行机器上的随机加工时间；$S(P_{kij})$ 为第 j 个工件的第 k 道工序在并行机器 i 上的随机加工时间。对于问题描述中其他变量符号的含义可以参考 6.2.1 小节。对于约束条件（6.14）~约束条件（6.17）的解释，可以参考 6.2.1 小节中关于约束条件（6.2）~约束条件（6.9）的解释。

6.3.2　考虑加工时间变动的分群调度模型

由于 CPTV 可以描述生产过程中加工时间的不确定性，因此分群调度模型将 CPTV 作为随机建模参数。根据假设 6.7，柔性流水车间中同一道工序的并行机器具有相同的 CPTV，因此用于描述工序 k 中并行机器随机特性的随机向量 V_k 可以表示为

$$V_k = \left[\text{CPTV}_k \right] \qquad\qquad (6.18)$$

其中，CPTV_k 表示工序 k 中并行机器的 CPTV。CPTV 越大，机器的随机特性就越高，相应地实际加工时间与预期加工时间的差值就越大，最终将导致实际调度方案严重偏离原调度方案。

根据描述机器特性的随机向量 V_k，不同工序并行机器的随机特性差异 $D(V_i, V_j)$ 可定义为

$$D(V_i, V_j) \;=\; \left\| V_i - V_j \right\|_2 \;=\; \sqrt{\left(\text{CPTV}_i - \text{CPTV}_j \right)^2} \qquad (6.19)$$

其中，V_i 和 V_j 分别为工序 i 和工序 j 中并行机器的随机向量；CPTV_k 为工序 k 中并行机器的 CPTV。

基于分群策略的调度模型采用相邻 K-means 算法生成机器群组。在只考虑加工时间变动的生产环境下，用于预测机器群组随机特性的 BPN 网络结构如图 6.4 所示。BPN 的输入包括工序数、工件数、并行机器数、机器群组的平均加工时间变动率。考虑到生产环境中的加工时间变动，可根据 5.5.1 小节中介绍的方法可生成用于构建 BPN 的训练样本。

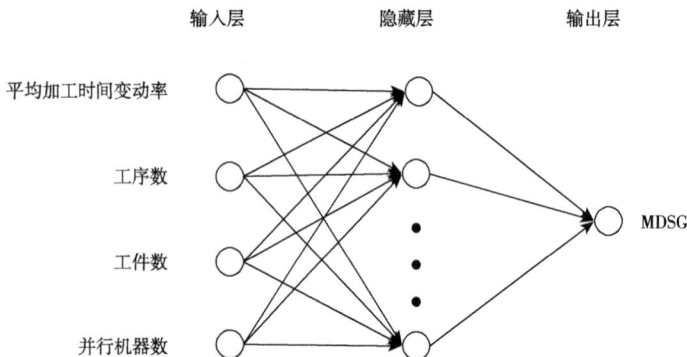

图 6.4　考虑加工时间变动的 BPN 网络结构

为了验证分群调度模型的有效性，将采用蒙特卡罗仿真方法模拟柔性流水车间的实际生产调度过程。考虑工件加工变动的调度仿真算法和加工时间生成算法可分别参见专栏 4.3 和专栏 4.4，其中工件的实际加工时间服从伽马分布。

6.3.3　实验结果与分析

1. 实验设计

针对上文所提出的考虑加工时间变动的分群调度算法，使用 Matlab R2012b 编程实现。算法运行环境如下：CPU 为 Intel® Core™ i5 2.60 GHz，内存为 3.15G，操作系统为 Win7。考虑到生产过程中的加工时间变动，实验测试共分为三个部分：

①构建用于估计机器群组随机特性的 BPN 网络；②考虑权重的 CVI 分析；③分群调度算法的性能分析。

为了对分群调度策略的优化性能进行验证，实验②和实验③分别对 27 个不同的 FFSP 进行测试。测试问题的参数设置如下：待加工工件数 $n \in \{20, 30, 40\}$，工序数 $t \in \{6, 10, 15\}$，并行机器数 $m \in \{2, 3, 4\}$；工件在机器上的预期加工时间服从区间[1, 20]上的均匀分布，平均预期加工时间 AP=10；工件的实际加工时间具有不确定性，服从均值为 $E(P)$，标准差为 $\sigma = \text{CPTV} \times E(P)$ 的伽马分布。其中，CPTV 用于描述工件加工时间的不确定性；σ 为实际加工时间的标准差。例如，当预期加工时间 $E[P]$=30，CPTV=0.3 时，则 σ =9。为了消除算法的随机性带来的误差，每个 FFSP 分别用相关优化算法求解 20 次。

2. 生成 BPN 训练样本

对于工件同时到达和工件随机到达两种场景，将分别构建不同的训练样本对 BPN 网络进行训练和测试。考虑加工时间变动的 BPN 输入包括工序数、工件数、并行机器数、机器群组的平均加工时间变动率。表 6.8 给出了各输入的典型取值。针对每种场景，通过遍历 BPN 输入值的所有组合，共生成 3 600（10×10×6×6= 3 600）个训练样本。训练好的 BPN 网络可用于预测机器群组的 MDSG。

表 6.8 考虑加工时间变动的 BPN 输入

输入	取值
平均加工时间变动率	0.1, 0.2, …, 1
工序数	1, 2, …, 10
工件数	20, 25, 30, 35, 40, 45
并行机器数	2, 3, 4, 5, 6, 7

方差分析是一种非常实用、有效的统计研究方法，常用于检验有关因素对实验结果影响的显著性。对于工件同时到达和工件随机到达两种场景下的训练样本，可以采用方差分析研究平均加工时间变动率、工序数、工件数和并行机器数对 MDSG 的影响效应。表 6.9 和表 6.10 分别给出了这两种场景下考虑加工时间变动的多因素方差分析表，显著性水平 $\alpha = 0.05$。根据两个表中的 P 值，可以看出不同场景下平均加工时间变动率、工序数、工件数和并行机器数对 MDSG 的平均值均有显著影响。因此，将以上四个参数作为 BPN 网络的输入，用于估计机器群组的 MDSG 是合理的。

表 6.9 工件同时到达场景下考虑加工时间变动的多因素方差分析表

差异源	SS	DF	MS	F-ratio	P-value
平均加工时间变动率	86.404	9	9.600 450	3 410.830	<0.001
工序数	4.923	9	0.546 950	194.320	<0.001

续表

差异源	SS	DF	MS	F-ratio	P-value
工件数	1.497	5	0.299 410	106.370	<0.001
并行机器数	3.396	5	0.679 260	241.330	<0.001
实验误差	10.051	3 571	0.002 815		
总计	106.274	3 599			

表 6.10 工件随机到达场景下考虑加工时间变动的多因素方差分析表

差异源	SS	DF	MS	F-ratio	P-value
平均加工时间变动率	21.220	9	2.357 790	1 681.110	<0.001
工序数	1.416	9	0.157 310	154.300	<0.001
工件数	1.270	5	0.253 930	249.070	<0.001
并行机器数	0.932	5	0.186 480	182.910	<0.001
实验误差	3.641	3 571	0.001 020		
总计	28.479	3 599			

为了更加形象地描述 MDSG 与机器群组平均加工时间变动率、工序数、工件数和并行机器数之间的关系,本节根据 BPN 训练样本的输入和输出数据绘制了散点图。图 6.5 中的圆形散点和正方形散点分别为工件同时到达和工件随机到达两种场景下的实验仿真结果。如图 6.5 所示,可以得到如下结论:①MDSG 与机器群组的平均加工时间变动率、工序数和工件数之间都具有一定的线性关系,而 MDSG 随着并行机器数的增加先减小后增大;②不同场景下散点图的差异较大,因此应使用不同的 BPN 网络对不同场景下机器群组的 MDSG 进行预测。

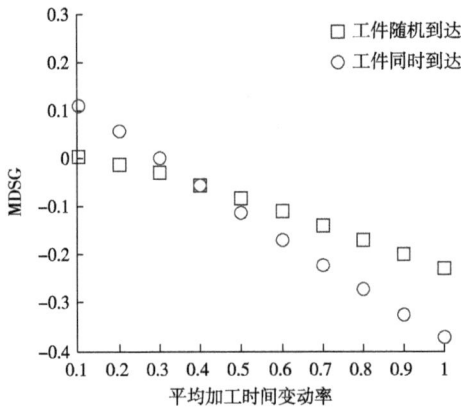

(a) 平均加工时间变动率与MDSG

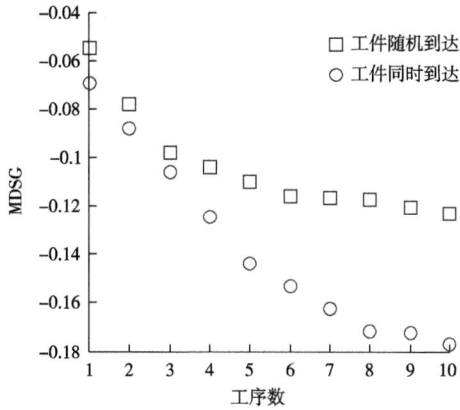

（b）工序数与 MDSG

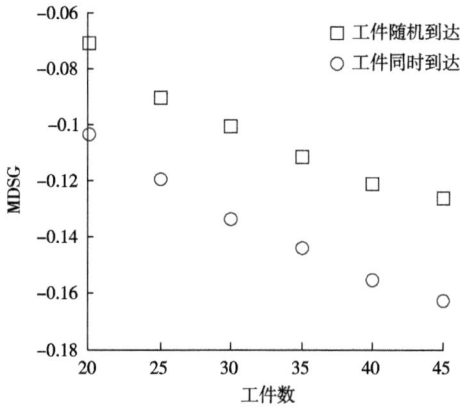

（c）工件数与 MDSG

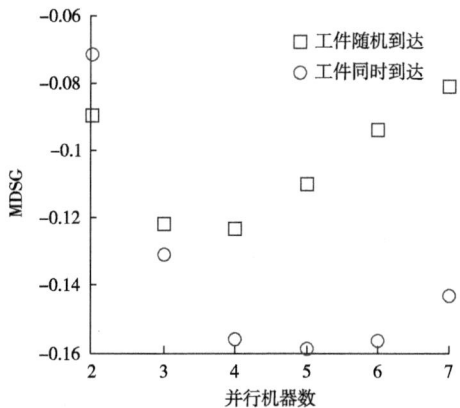

（d）并行机器数与 MDSG

图 6.5　考虑加工时间变动的 MDSG 散点图

按照 5.5.1 小节中的方法，在工件同时到达和工件随机到达两种场景下分别生成训练样本。对于每一个场景，使用试误法确定 BPN 网络的最优神经元数。该方法首先需要构建多个具有不同数量神经元的 BPN 网络，其次利用训练样本对它们进行训练和测试,最后选取均方误差最小的 BPN 用于机器群组随机特性 MDSG 的预测。图 6.6 分别给出了工件同时到达和工件随机到达两种场景下 BPN 的均方误差与隐藏层中神经元数量之间的关系。如图 6.6 所示，工件同时到达和工件随机到达两种场景下 BPN 的最优神经元数分别为 12 和 14。因此，分群调度算法将使用具有最优神经元数的 BPN 对机器群组的随机特性进行预测。

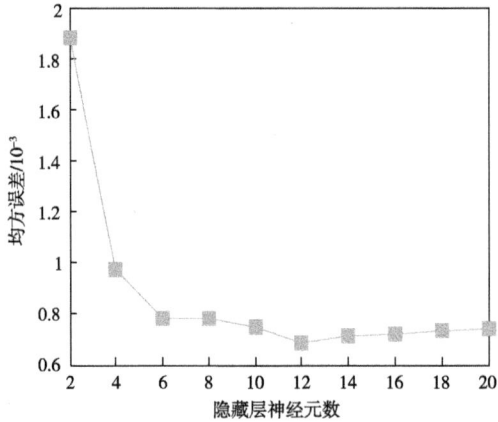

（a）工件同时到达

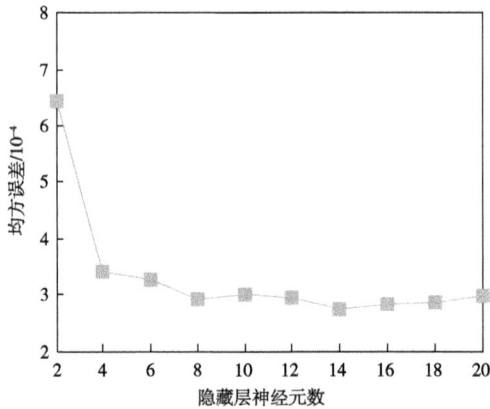

（b）工件随机到达

图 6.6　考虑加工时间变动的 BPN 均方误差

3. 考虑权重的 CVI

分群调度算法使用相邻 *K*-means 算法将柔性流水车间中的机器分解成随机特性不同的机器群组。为了确定最佳的机器群组数，生成机器群组的过程中将采用 CVI 对聚类结果进行评价。本节将分别考察经典 CVI（Dunn、DB、*V*sv、DVI）

和基于权重的 CVI（WDunn、WDB、WVsv、WDVI）对相邻 K-means 算法性能的影响。

在只考虑加工时间变动的情况下，通过对 27 个 FFSP 的测试，可以比较分群调度算法使用传统 CVI 和基于权重 CVI 时的优化性能差异。表 6.11 给出了 8 种 CVI 的 R_{CVI}。R_{CVI} 为使用某一特定 CVI 和 Dunn 进行聚类结果评价时分群调度算法得到的平均 Makespan 的比值，其具体计算公式请参见式（6.13）。CVI 的 R_{CVI} 越小，则表明当其用于评价聚类结果时分群调度算法的性能就越好。根据表 6.11 可得到以下结论：①在相邻 K-means 算法中引入基于权重的 CVI 可提高分群调度算法的优化性能；②在所比较的四种基于权重的 CVI 中，WDB 的 R_{CVI} 最小。因此，当相邻 K-means 算法使用 WDB 对机器分组结果进行评价时，分群调度算法的性能最好。

表 6.11　考虑加工时间变动情况下不同 CVI 的性能比较

传统 CVI				基于权重的 CVI			
Dunn	DB	V_{sv}	DVI	WDunn	WDB	WVsv	WDVI
1.000	0.999	1.001	1.002	0.998	0.985	0.995	0.998

4. 算法性能分析

为了验证分群调度策略的有效性，本节在考虑加工时间变动的情况下，将对 SPT、GA 和分群调度算法的优化性能进行比较。为了保证算法比较的公平性，GA 和分群调度算法的关键参数取值完全相同，即种群规模 P_s=400、迭代次数 T=400、交叉概率 P_c=0.7、变异概率 P_m=0.15。本实验将对表 6.12 中的 27 个 FFSP 分别进行测试。为了尽量避免 GA 和分群调度算法中随机性带来的误差，每个 FFSP 将用相关优化算法求解 20 次。这里仍然采用 BRE 和 ARE 作为算法性能的评价指标，BRE 和 ARE 的计算公式如式（4.5）和式（4.6）所示。

针对 27 个考虑加工时间变动的 FFSP，表 6.12 给出了使用 SPT、GA 和分群调度算法进行问题求解的 BRE 和 ARE。根据表 6.12 中数据可以得到以下结论。

表 6.12　考虑加工时间变动情况下 SPT、GA、分群调度算法性能比较

工件数×机器数×工序数	SPT		GA		分群调度算法	
	BRE	ARE	BRE	ARE	BRE	ARE
20×6×2	4.39	5.65	6.21	8.10	0.08	0.17
20×6×3	4.71	6.01	5.12	6.33	0.19	0.23
20×6×4	2.96	3.91	9.10	12.33	0	0
20×10×2	1.25	1.53	15.13	19.11	0.08	0.14
20×10×3	1.38	1.79	7.94	9.34	0.19	0.21

工件数×机器数× 工序数	SPT		GA		分群调度算法	
	BRE	ARE	BRE	ARE	BRE	ARE
20×10×4	0.96	1.21	11.61	14.31	0.21	0.35
20×15×2	2.75	3.49	8.94	10.59	0.25	0.29
20×15×3	1.52	1.82	11.02	14.09	0.26	0.33
20×15×4	1.27	1.55	8.25	10.83	0.16	0.28
30×6×2	2.93	3.76	8.90	11.05	0.14	0.20
30×6×3	4.45	5.86	9.12	11.56	0.21	0.31
30×6×4	4.69	6.21	13.68	17.77	0.31	0.52
30×10×2	2.68	2.24	8.57	10.40	0.17	0.22
30×10×3	2.84	3.45	10.21	12.09	0.33	0.51
30×10×4	2.11	2.72	11.27	14.50	0.29	0.38
30×15×2	2.43	3.18	7.92	9.34	0.25	0.42
30×15×3	2.15	2.71	11.04	13.53	0.20	0.31
30×15×4	1.34	1.63	10.14	12.20	0.41	0.63
40×6×2	2.93	3.81	4.28	5.10	0.19	0.28
40×6×3	4.81	6.22	8.86	10.97	0.21	0.26
40×6×4	1.10	1.02	10.83	13.27	0.48	0.65
40×10×2	4.31	5.80	5.80	7.09	0.27	0.36
40×10×3	4.74	6.25	11.76	14.06	0.45	0.57
40×10×4	1.62	2.02	12.65	15.64	0.27	0.38
40×15×2	2.94	3.77	8.12	9.71	0.33	0.42
40×15×3	2.12	2.61	11.34	14.21	0.43	0.58
40×15×4	1.20	1.51	12.89	15.51	0.35	0.47
均值	2.69	3.40	9.66	11.96	0.25	0.35

（1）在考虑加工时间变动的情况下，SPT 的优化性能好于 GA。GA 较差的优化性能源于使用右移重调度方法更新调度方案。右移重调度保持每台机器上工件加工的顺序不变，推迟工件的加工直到调度可行。该方法的计算量很小，但是难以有效地保证重调度的质量。

（2）分群调度算法的 BRE 和 ARE 最小，说明其优化性能强于 SPT 和 GA。分群调度算法良好的优化性能在于它能够根据生产环境中的随机特性差异，动态调整优化调度方法。因此，分群调度算法是求解考虑加工时间变动的 FFSP 的一种有效方法。

6.4　本 章 小 结

为了验证单一不确定事件下分群调度策略的有效性，本章分别对以下两类 FFSP 进行了优化求解：①考虑机器故障的 FFSP；②考虑加工时间变动的 FFSP。对于每一类复杂生产环境下的 FFSP，通过对 27 个不同调度问题的测试比较了分群调度算法、GA 和 SPT 的优化性能。实验结果表明分群调度算法具有较好的优化性能，该算法良好的优化性能源于其能够根据生产环境中随机特性的大小动态选择优化调度算法。由于该策略充分发挥了 GA 和 SPT 各自的优势，因此它是一种用于求解单一不确定事件条件下 FFSP 的有效方法。

第7章 考虑多种不确定事件的分群调度策略

7.1 引　言

　　流程工业的实际生产过程中存在着大量不确定事件，如机器设备故障、工件加工时间变动、紧急订单、订单取消等。这些不确定事件会导致生产调度方案无法按预定目标正常执行，最终造成制造企业的成本增加和效益下降。因此在同时考虑多种不确定事件的情况下，研究如何求解 FFSP 的最优调度具有较好的理论意义和广阔的应用前景，目前已逐渐成为国内外生产调度研究领域的研究热点之一。与只考虑单一不确定事件的生产调度问题相比，同时考虑多种不确定事件的优化调度问题更加难于求解，相关研究面临着不小的挑战。

　　在考虑单一不确定事件的生产环境下（如机器故障或加工时间变动），第 6 章通过比较 SPT、GA 和分群调度算法的优化性能，已经成功验证了分群调度策略的有效性。为了使柔性流水车间的调度模型更加贴近实际生产过程，本章将对所提出的分群调度策略进行适当扩展，以期能够求解多种不确定事件共存情况下的 FFSP。第 5 章提出的分群调度策略具有良好的可扩展性。为了更好地模拟生产过程中的多类不确定事件，扩展后的分群调度策略将采用更多的随机建模参数定义并行机器的随机向量、描述不同工序并行机器的随机特性差异和构建用于预测机器群组随机特性的 BPN 网络。随着不确定事件类型以及随机建模参数的增加，BPN 的网络结构将变得更为复杂，相应地扩展后的分群调度策略的计算复杂度也将急剧上升。

7.2　基于分群策略的调度扩展模型

7.2.1　多种不确定事件下的机器群组生成机制

当同时考虑生产环境中的多种不确定事件时，如何根据机器的随机特性差异进行分组将变得更加复杂，需要重新定义用于描述机器随机特性的随机向量以及不同并行机器间的随机特性差异。

柔性流水车间生产过程中存在多种与机器相关的不确定事件，可表示为 $S = \{U_1,\ U_2,\ \cdots,\ U_m\}$，其中 U_m 为第 m 类与机器相关的不确定事件。根据假设 5.7，由于流水车间中每道工序并行机器的随机特性完全相同，因此对于某一不确定事件 U_m 可用随机向量 V_{km} 描述工序 k 中并行机器的随机特性。

$$V_{km} = \left[\beta_1 \times F_{km1},\ \beta_2 \times F_{km2}, \cdots,\ \beta_n \times F_{kmn}\right] \tag{7.1}$$

其中，F_{kmn} 表示在考虑第 m 类不确定事件时工序 k 中并行机器的第 n 个随机建模参数；β_n 为 F_{kmn} 的权重。

当同时考虑生产过程中的多类不确定事件时，可用混合随机向量 $\mathbf{HV}_k$ 描述工序 k 中并行机器的随机特性。该随机向量由多个不确定事件的随机向量组合而成：

$$\mathbf{HV}_k = \begin{bmatrix} V_{k1}, \\ V_{k2}, \\ \vdots \\ V_{km} \end{bmatrix} = \begin{bmatrix} \left[\beta_{11} \times F_{k11}, \beta_{12} \times F_{k12}, \cdots, \beta_{1n_1} \times F_{k1n_1}\right], \\ \left[\beta_{21} \times F_{k21}, \beta_{22} \times F_{i22}, \cdots, \beta_{2n_2} \times F_{k2n_2}\right], \\ \vdots \\ \left[\beta_{m1} \times F_{km1}, \beta_{m2} \times F_{km2}, \cdots, \beta_{mn_m} \times F_{kmn_m}\right] \end{bmatrix} \tag{7.2}$$

在混合随机向量 $\mathbf{HV}_k$ 中，随机建模参数 F_{kmn} 的权重越大，使用并行机器加工工件时的不确定性就越高，实际调度方案偏离原调度方案就会越严重。因此，与考虑单一不确定事件的分群调度策略类似，可用式（7.3）中多元线性回归方程的参数对 $\mathbf{HV}_k$ 中的权重进行赋值。式（7.3）描述了随机建模参数与 MDSG 之间的线性关系。其中，F_{mn} 为第 m 个不确定事件的第 n 个随机建模参数

$$\begin{aligned} \text{MDSG} = {}& \beta_0 + \beta_{11} \times F_{11} + \beta_{12} \times F_{12} + \cdots + \beta_{1n_1} \times F_{1n_1} \\ & + \beta_{21} \times F_{21} + \beta_{22} \times F_{22} + \cdots + \beta_{2n_1} \times F_{2n_1} \\ & + \cdots \\ & + \beta_{m1} \times F_{m1} + \beta_{m2} \times F_{m2} + \cdots + \beta_{mn_m} \times F_{mn_m} \end{aligned} \tag{7.3}$$

根据并行机器的混合随机向量 $\mathbf{HV}_k$，不同工序并行机器的随机特性差异可定义如下：

$$D\left(\mathbf{HV}_i, \mathbf{HV}_j\right) = \left\|\mathbf{HV}_i - \mathbf{HV}_j\right\|_2$$

$$= \sqrt{\begin{array}{l} \beta_{11}^2 \times \left(F_{i11} - F_{j11}\right)^2 + \beta_{12}^2 \times \left(F_{i12} - F_{j12}\right)^2 + \cdots + \beta_{1n_1}^2 \times \left(F_{i1n_1} - F_{j1n_1}\right)^2 \\ + \beta_{21}^2 \times \left(F_{i21} - F_{j21}\right)^2 + \beta_{22}^2 \times \left(F_{i22} - F_{j22}\right)^2 + \cdots + \beta_{2n_2}^2 \times \left(F_{i2n_2} - F_{j2n_2}\right)^2 \\ + \cdots \\ + \beta_{m1}^2 \times \left(F_{im1} - F_{jm1}\right)^2 + \beta_{m2}^2 \times \left(F_{im2} - F_{jm2}\right)^2 + \cdots + \beta_{mn_m}^2 \times \left(F_{imn_m} - F_{jmn_m}\right) \end{array}} \quad (7.4)$$

其中，$\mathbf{HV}_i$ 和 $\mathbf{HV}_j$ 分别表示工序 i 和工序 j 的并行机器的混合随机向量；$D\left(\mathbf{HV}_i, \mathbf{HV}_j\right)$ 用于描述不同工序并行机器的随机特性差异。不同工序并行机器的 $D\left(\mathbf{HV}_i, \mathbf{HV}_j\right)$ 越小，它们被分配在同一个机器群组的可能性就越大。根据 $D\left(\mathbf{HV}_i, \mathbf{HV}_j\right)$，可使用 5.4.2 小节中提出的相邻 K-means 算法将柔性流水车间中的机器分解成多个机器群组。

7.2.2 多种不确定事件下的 BPN 网络

在用相邻 K-means 算法生成机器群组后，可采用 BPN 为每个机器群组确定适当的优化调度算法。在考虑多种不确定事件共存的生产环境下，由于涉及的不确定事件类型的增加，BPN 的网络结构将变得更为复杂。如图 7.1 所示，BPN 的输入包括工序数、工件数、并行机器数和各类不确定事件的随机建模参数。图 7.1 中的 F_{ij} 用于表示第 i 类不确定事件的第 j 个随机建模参数。F_{ij} 越大，则机器的随机特性就越高，MDSG 就越大，相应地实际调度方案偏离原调度方案就会越严重。在多种不确定事件共存的生产环境下，BPN 的输入变量个数 N_{input} 为

$$N_{\text{input}} = 3 + \sum_{i=1}^{m} n_i \quad (7.5)$$

其中，n_i 为第 i 类不确定事件的随机建模参数个数；m 为调度模型中所考虑的不同类型的不确定事件数量。

考虑到生产环境中的各类随机事件，可以根据 5.5.1 小节中介绍的方法生成 BPN 训练样本。对于工件同时到达和工件随机到达两种场景，训练样本数量 NTR 为

$$\text{NTR} = \prod_{i=1}^{m}\left(\prod_{n=1}^{n_i} \text{NL}_{in}\right) \quad (7.6)$$

其中，NL_{in} 为第 i 类不确定事件的第 n 个随机建模参数的典型值个数；n_i 和 m 的含义参见式（7.5）。使用生成的样本对 BPN 网络进行训练和测试，最终可构建两个 BPN 网络用于预测工件同时到达和工件随机到达场景下机器群组的 MDSG，并根据 5.5.1 小节介绍的方法为每个机器群组确定优化调度算法。

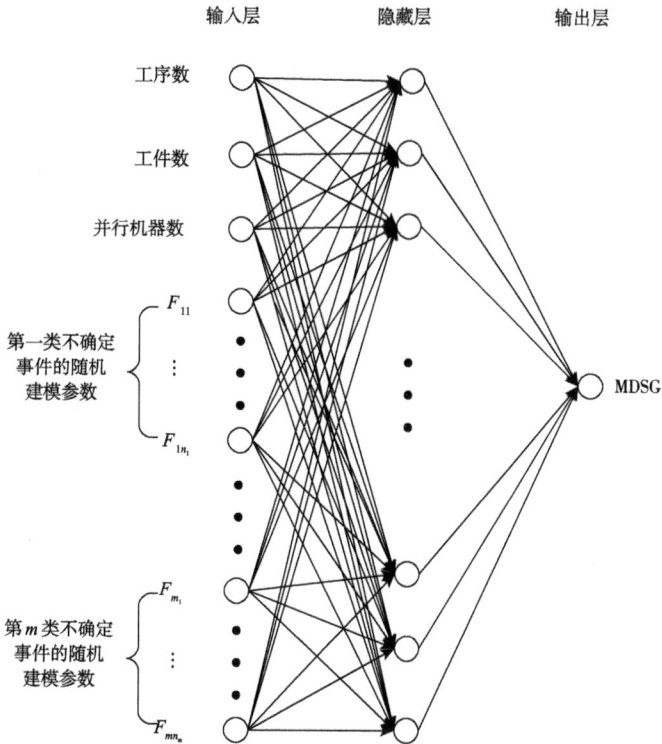

图 7.1　复杂生产环境下 BPN 结构

7.3　调度扩展模型的缺陷

BPN 网络是一种前向型 ANN，具有很强的非线性拟合能力，可映射任意复杂的非线性关系，而且学习规则简单，便于计算机实现。为了提高 BPN 网络的预测精度，使用该网络进行预测时往往需要大量的训练样本进行训练，以保证模型预测的精度。训练样本规模较小，则 BPN 网络预测结果的准确性容易受到限制。

如图 7.1 所示，BPN 的输入需要包括各类不确定事件的随机建模参数。随着模型中考虑的不确定事件类型的增多，BPN 的输入和输入典型值都会相应地增加。根据式（7.6）最终将不得不生成大量训练样本，用于训练和测试工件同时到达和工件随机到达两种场景下的 BPN 网络。因此，当求解考虑多种不确定事件共存的 FFSP 时，分群调度策略的主要缺陷在于将花费大量时间构建用于预测机器群组随机特性的 BPN 网络。

为了更好地估计机器群组的 MDSG，对于机器故障和加工时间变动两类不确定事件，分群调度策略通过蒙特卡罗模拟实验均生成了大量的训练样本（表 7.1）。根据式（7.6），随着确定事件数量 m，随机建模参数个数 n_i 和随机建模参数典型值个数 NL_{in} 的增加，训练样本的规模将快速增长。根据表 7.1 中的 BPN 输入值，如果只考虑机器故障和加工时间这两类不确定事件，遍历 BPN 输入值的所有组合将为每个场景生成 216 000（$10×6×10×6×6×10 = 216\ 000$）个训练样本。因此，随着所考虑的不确定事件的增加，分群调度策略将不得不花费大量时间来生成训练样本和训练 BPN 网络。

表 7.1　单一不确定事件下 BPN 训练样本数量比较

不确定事件类型	BPN 输入	BPN 输入典型值	训练样本数量
机器故障	平均故障率	0.01, 0.02, ⋯, 0.1	$10×6×10×6×6 = 21\ 600$
	MTTR	1AP[1], 1.3AP, 1.6AP, 1.9AP, 2.2AP, 2.5AP	
	工序数	1, 2, ⋯, 10	
	工件数	20, 25, 30, 35, 40, 45	
	并行机器数	2, 3, 4, 5, 6, 7	
加工时间变动	平均中要时间变动率	0.1, 0.2, ⋯, 1	$10×10×6×6 = 3\ 600$
	工序数	1, 2, ⋯, 10	
	工件数	20, 25, 30, 35, 40, 45	
	并行机器数	2, 3, 4, 5, 6, 7	

1）AP 为每道工序的平均加工时间

为了有效地降低构建 BPN 网络的计算复杂度，一种行之有效的方法就是在保证一定预测精度的基础上，适当减少每个随机建模参数典型取值的个数，从而减少训练样本的数量以及 BPN 网络的训练时间。第 8 章将详细讨论在同时考虑机器故障和加工时间变动这两类不确定事件时，如何使用扩展的分群调度策略求解FFSP。

7.4　本 章 小 结

本章在考虑多种不确定事件的情况下，对第 5 章介绍的单一不确定事件下的分群调度模型进行了扩展。扩展后的分群调度算法依然包括机器群组生成、机器群组调度方法选择和机器群组调度问题求解三个基本步骤。由于同时考虑了多种不确定事件，扩展后的模型将不得不使用更多的随机建模参数定义并行机器的随机向量、描述不同工序并行机器的随机特性差异和构建用于预测机器群组随机特性的 BPN 网络。随着不确定事件类型以及随机建模参数的增加，BPN 的网络结构将变得更为复杂，相应地扩展的分群调度策略的计算复杂度也会急剧上升。

第8章 多种不确定事件下基于分群策略的柔性流水车间调度

8.1 引 言

第 5 章中介绍的考虑单一不确定事件的分群调度策略具有良好的可扩展性。第 7 章介绍了如何使用扩展的分群调度策略求解多种不确定事件下的 FFSP。为了验证扩展后的分群调度策略的有效性，本章在同时考虑机器故障和加工时间变动的情况下详细论述如何对分群调度策略进行有效扩展。

在多种不确定事件共存的复杂生产环境下，需要对原有分群调度策略中的随机向量、不同工序并行机器的随机特性差异和 BPN 网络进行适当扩展。与只考虑单一不确定事件的分群调度策略相比，扩展后的分群调度模型将使用更多的随机建模参数来描述机器群组的随机特性和随机特性差异，因此将不可避免地增加生成训练样本和训练 BPN 网络的时间。为了降低构建 BPN 网络的计算复杂度，扩展的分群调度策略将适当减少 BPN 网络典型输入值的数量，这将有助于减少训练样本和训练时间。本章将结合考虑机器故障和加工时间变动的 FFSP，详细介绍如何利用扩展后的分群调度策略进行优化求解，并对其调度性能进行评价。

8.2 考虑机器故障和加工时间变动的柔性流水车间分群调度

8.2.1 问题描述

复杂生成环境下柔性流水车间的调度过程存在着大量不确定事件。本节将同时考虑机器故障和加工时间变动这两类不确定事件，介绍如何使用扩展后的分群调度策略求解 FFSP。其中，复杂生产环境中的机器故障采用 MTTR 和 BL 进行建模，而加工时间的不确定性则用 CPTV 进行描述。关于 MTTR、BL 和 CPTV 的定义请参见 4.2.1 小节和 4.3.1 小节。

出于简化研究问题的需要，对考虑机器故障和加工时间变动的 FFSP 问题做出如下假设。

假设 5.1~假设 5.6；假设 6.1~假设 6.4；假设 6.6~假设 6.8。

假设 8.1：除机器故障和加工时间变动外，柔性流水车间的生产过程不受其他随机事件的影响。

FFSP 问题的优化准则有多种，本节中考虑机器故障和加工时间变动的 FFSP 仍以最小化 makespan 为优化目标，其数学模型如式（6.1）所示。相关约束方程如下：

$$C_{1j} = S\left(P_{1j}\right) + F_{1j} \times \mathrm{TRT}_{1j}, \quad \text{if} \ \sum_{i=1}^{m_1} U_{1ij} > 0 \tag{8.1}$$

$$C_{1j_2} = \sum_{i=1}^{m_1}\sum_{j_2=1}^{n}\left(B_{1ij_1j_2} \times C_{1j_1}\right) + S\left(P_{1j_2}\right) + F_{1j_2} \times \mathrm{TRT}_{1j_2}, \quad \text{if} \ \sum_{i=1}^{m_1} U_{1ij_2} = 0 \tag{8.2}$$

$$C_{kj} = C_{(k-1)j} + S\left(P_{kj}\right) + F_{kj} \times \mathrm{TRT}_{kj}, \quad \text{if} \ k>1 \ \& \ \sum_{i=1}^{m_k} U_{kij} > 0 \tag{8.3}$$

$$C_{kj_2} = \max\left\{\sum_{i=1}^{m_k}\sum_{j_2=1}^{n}\left(B_{kij_1j_2} \times C_{kj_1}\right), C_{(k-1)j_2}\right\} + S\left(P_{kj_2}\right) + F_{kj_2} \times \mathrm{TRT}_{kj_2},$$
$$\text{if} \ k>1 \ \& \ \sum_{i=1}^{m_k} U_{kij_2} = 0 \tag{8.4}$$

$$\mathrm{ST}_{kij} \geqslant 0$$

$$E\left(P_{ki_1j}\right) = E\left(P_{ki_2j}\right) = E\left(P_{kj}\right), \quad (i_1, i_2) \in M_k$$

$$\mathrm{ST}_{(k+1)i_1j} - \mathrm{ST}_{ki_2j} \geqslant E\left(P_{ki_2j}\right)$$

$$\left[\left(\mathrm{ST}_{kij_1} - \mathrm{ST}_{kij_2}\right) \geqslant E\left(P_{kij_2}\right)\right] \ \text{or} \ \left[\left(\mathrm{ST}_{kij_2} - \mathrm{ST}_{kij_1}\right) \geqslant E\left(P_{kij_1}\right)\right]$$

该问题中的相关符号与 6.2.1 小节和 6.3.1 小节中使用的符号完全一致。约束条件（8.1）~约束条件（8.4）的解释可以参考 6.2.1 小节中关于约束条件（6.2）~约束条件（6.5）的解释。

8.2.2　考虑机器故障和加工时间变动的分群调度模型

当同时考虑机器故障和加工时间变动这两类不确定事件时，机器故障可用 BL 和 MTTR 进行描述，而加工时间变动可用 CPTV 来描述。根据假设 6.2 和假设 6.7，柔性流水车间中每道工序的并行机器具有相同的 BL、MTTR 和 CPTV。因此，用于描述工序 k 中并行机器随机特性的混合随机向量 $\mathbf{HV}_k$ 可以表示为

$$\mathbf{HV}_k = \left[\beta_1 \times \mathrm{BL}_k, \beta_2 \times \mathrm{MTTR}_k, \beta_3 \times \mathrm{CPTV}_k \right] \quad (8.5)$$

其中，BL_k、MTTR_k 和 CPTV_k 分别表示工序 k 中并行机器的 BL、MTTR 和 CPTV；β_1、β_2 和 β_3 分别为 BL_k、MTTR_k 和 CPTV_k 的权重。BL、MTTR 和 CPTV 越大，并行机器的随机特性就越高，相应地实际调度方案偏离原调度方案就会越严重。

与考虑单一不确定事件的分群调度策略类似，多种不确定事件共存的生产环境下除了混合随机向量 $\mathbf{HV}_k$，还可以使用 MDSG 描述并行机器的随机特性。根据 8.2.3 小节中 "2. 生成 BPN 训练样本" 的散点图，MDSG 与 BL、MTTR、CPTV 之间都存在一定的线性关系，因此 $\mathbf{HV}_k$ 中的权重 β_1、β_2 和 β_3 可通过多元线性回归的方法求得。所使用的多元线性回归方程如下：

$$\mathrm{MDSG} = \beta_0 + \beta_1 \times \mathrm{BL} + \beta_2 \times \mathrm{MTTR} + \beta_3 \times \mathrm{CPTV} \quad (8.6)$$

根据描述机器特性的混合随机向量 $\mathbf{HV}_k$，不同工序并行机器的随机特性差异可用式（8.7）计算：

$$D\left(\mathbf{HV}_i, \mathbf{HV}_j\right) = \left\| \mathbf{HV}_i - \mathbf{HV}_j \right\|_2$$

$$\quad (8.7)$$

$$= \sqrt{\beta_1^2 \times \left(\mathrm{BL}_i - \mathrm{BL}_j\right)^2 + \beta_2^2 \times \left(\mathrm{MTTR}_i - \mathrm{MTTR}_j\right)^2 + \beta_3^2 \times \left(\mathrm{CPTV}_i - \mathrm{CPTV}_j\right)^2}$$

其中，$\mathbf{HV}_i$ 和 $\mathbf{HV}_j$ 分别是工序 i 和工序 j 中并行机器的随机向量；BL_k、MTTR_k 和 CPTV_k 分别表示工序 k 中并行机器的 BL、MTTR 和 CPTV；$D\left(\mathbf{HV}_i, \mathbf{HV}_j\right)$ 为工序 i 和工序 j 中并行机器随机特定的差异。

根据所提出的用于描述并行机器随机特性的混合随机向量，同时考虑机器故障和加工时间变动的 BPN 网络结构如图 8.1 所示。BPN 的输入包括工序数、工件数、并行机器数、机器群组的平均 MTTR，机器群组的平均故障率和机器群组的平均加工时间变动率。考虑工件同时到达和工件随机两种场景，根据 5.5.1 小节中介绍的方法分别生成用于构建 BPN 网络的训练样本。

为了对扩展后的分群调度策略的有效性进行评价，可通过蒙特卡罗仿真方法模拟柔性流水车间的实际生产调度过程。当机器发生故障或加工时间变动时，仿真算法将采用右移重调度重新生成调度方案。同时考虑机器故障和加工时间变动的调度仿真算法请参见专栏 4.5。其中，相邻故障间隔时间和故障修复时间均服从指数分布，工件的实际加工时间服从伽马分布。

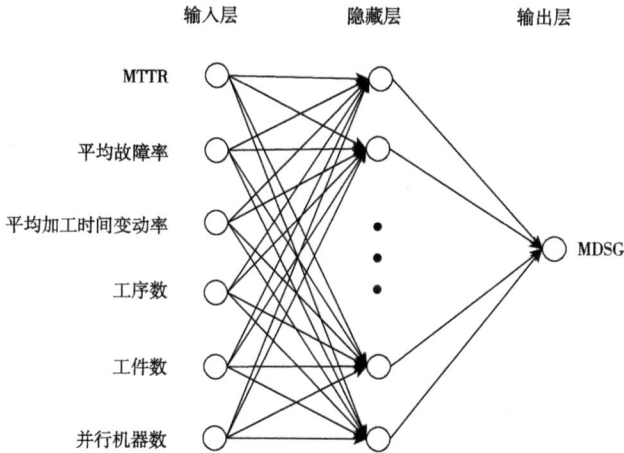

图 8.1　同时考虑机器故障和加工时间变动的 BPN 网络结构

8.2.3　实验结果与分析

1. 实验设计

上述同时考虑机器故障和加工时间变动的扩展分群调度算法使用 Matlab R2012b 编程实现。算法的运行环境如下：CPU 为 Intel® Core™ i5 2.60 GHz，内存为 3.15G，操作系统为 Win7。与只考虑机器故障的分群调度算法类似，实验测试共分为四个部分：①构建用于估计机器群组随机特性的扩展 BPN 网络；②确定用于描述机器随机特性的混合随机向量；③考虑权重的 CVI 比较分析；④扩展的分群调度算法性能分析。

为了验证扩展后的分群调度策略的有效性，实验②和实验③中分别对 27 个不同的 FFSP 进行测试。测试问题的相关参数设置如下：待加工工件数 $n \in \{20, 30, 40\}$，工序数 $t \in \{6, 10, 15\}$，并行机器数 $m \in \{2, 3, 4\}$；工件在机器上的加工时间服从区间[1，20]上的均匀分布，因此平均预期加工时间 AP=10，而工件的实际加工时间具有不确定性，服从均值为 $E(P)$，标准差为 $\sigma = \text{CPTV} \times E(P)$ 的伽马分布；每台机器的 BL 服从区间[0.01，0.1]上的均匀分布，机器故障后的 MTTR 为 AP 或者 2.5AP。为了消除算法的随机性带来的误差，每个 FFSP 分别用相关优化算法求解 20 次。

2. 生成 BPN 训练样本

与考虑单一不确定事件的分群调度策略类似，扩展后的分群调度策略仍然通过 BPN 网络预测机器群组的随机特性，并根据每个机器群组的随机特性从 GA 和 SPT 中选取合适的优化调度算法。对于工件同时到达和工件随机到达两种场景，需要分别构建训练样本对 BPN 网络进行训练和测试。BPN 的输入包括工序数、工件数、并行机器数、机器群组的 MTTR、平均故障率和平均加工时间变动率。表 8.1 给出了用于生成 BPN 训练样本的典型输入值。为了降低构建 BPN 网络的计算复杂度,与表 6.1 和表 6.12 相比,平均故障率和平均加工时间变动率的典型值个数均由 10 个改为 5 个。因此,对于每一种场景,通过遍历所有 BPN 输入值的组合将生成 54 000(5×6×5×10×6×6 = 54 000)个训练样本。经过训练后的 BPN 网络可用于机器群组 MDSG 的预测。

表 8.1　考虑机器故障和加工时间变动的 BPN 输入

输入	取值
平均故障率	0.01, 0.03, 0.05, 0.07, 0.09
MTTR	1AP[1], 1.3AP, 1.6AP, 1.9AP, 2.2AP, 2.5AP
平均加工时间变动率	0.1, 0.3, 0.5, 0.7, 0.9
工序数	1, 2, ⋯, 10
工件数	20, 25, 30, 35, 40, 45
并行机器数	2, 3, 4, 5, 6, 7

1)AP 为每道工序的平均加工时间

　　方差分析是一种利用方差分解和假设检验对实验因素的影响进行显著性分析的统计方法。对于工件同时到达和工件随机到达两种场景下的训练样本,可以采用方差分析研究机器群组的平均故障率、MTTR、平均加工时间变动率、工序数、工件数和并行机器数对 MDSG 的影响效应。表 8.2 和表 8.3 分别为工件同时到达和工件随机到达两种场景下的多因素方差分析表,其中显著性水平 $\alpha = 0.05$。由于以上两个表中的 P 值均小于 0.05,因此不同场景下平均故障率、MTTR、平均加工时间变动率、工序数、工件数和并行机器数对 MDSG 的平均值均有显著影响。这也从另外一个角度说明可以将以上六个参数作为 BPN 的输入,用于估计机器群组的 MDSG。

表 8.2　工件同时到达场景下考虑机器故障和加工时间变动的多因素方差分析表

差异源	SS	DF	MS	F-ratio	P-value
平均故障率	151.207	4	37.801 641	1 655.332	<0.001
MTTR	15.699	5	3.139 799	137.492	<0.001
平均加工时间变动率	700.712	4	175.178 1	7 671.040	<0.001
工序数	180.923	9	20.102 509	880.288	<0.001
工件数	60.784	5	12.156 785	532.345	<0.001
并行机器数	101.950	5	20.389 808	892.869	<0.001
实验误差	1 232.406	53 967	0.022 836		
总计	2 443.679	53 999			

表 8.3　工件随机到达场景下考虑机器故障和加工时间变动的多因素方差分析表

差异源	SS	DF	MS	F-ratio	P-value
平均故障率	44.369	4	11.092 171	1 573.250	<0.001
MTTR	4.658	5	0.931 679	132.144	<0.001
平均加工时间变动率	189.154	4	47.288 513	6 707.131	<0.001
工序数	35.639	9	3.959 893	561.648	<0.001
工件数	27.478	5	5.495 499	779.450	<0.001
并行机器数	23.008	5	4.601 617	652.667	<0.001
实验误差	380.493	53 967	0.007 050		
总计	704.799	53 999			

　　为了进一步说明 MDSG 与机器群组的平均故障率、MTTR、平均加工时间变动率、工序数、工件数和并行机器数间的关系，可以根据训练样本数据绘制 MDSG 与上述 6 个因素的散点图。图 8.2 中的圆形散点和正方形散点分别为工件同时到达和工件随机到达两种场景下的实验结果。从图 8.2 中可以看出：①MDSG 与机器群组的平均故障率、MTTR、平均加工时间变动率、工序数和工件数之间都具有一定的线性关系，而 MDSG 随着并行机器数的增加先减小再增大；②不同场景下的散点图差异较大，这说明针对不同的场景应该使用不同的 BPN 预测机器群组的 MDSG。

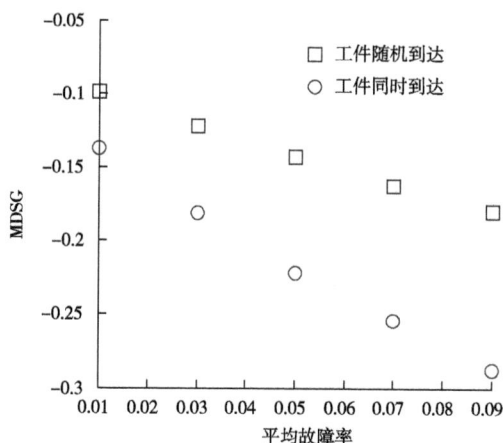

（a）平均故障率与MDSG

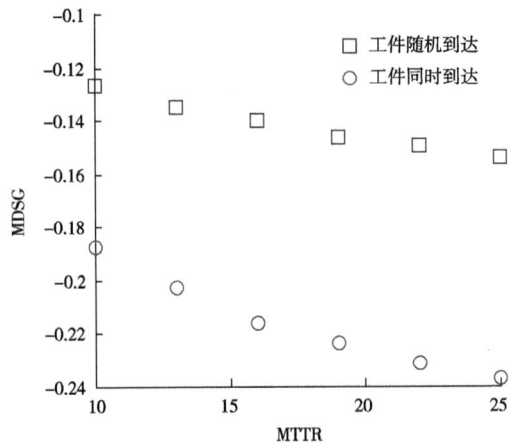

（b）MTTR 与 MDSG

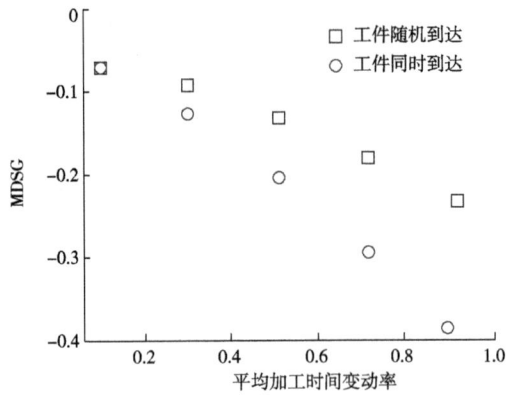

（c）平均加工变动时间率与MDSG

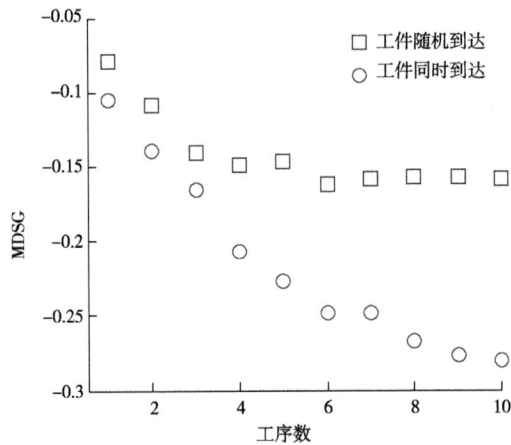

（d）工序数与MDSG

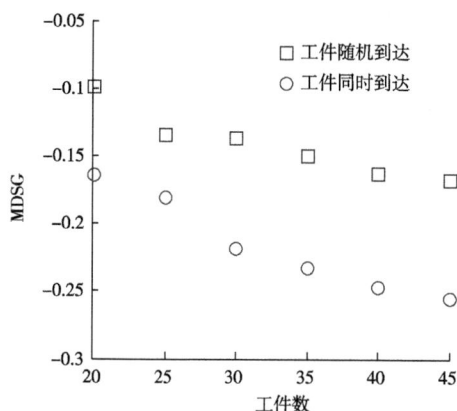

（e）工件数与MDSG

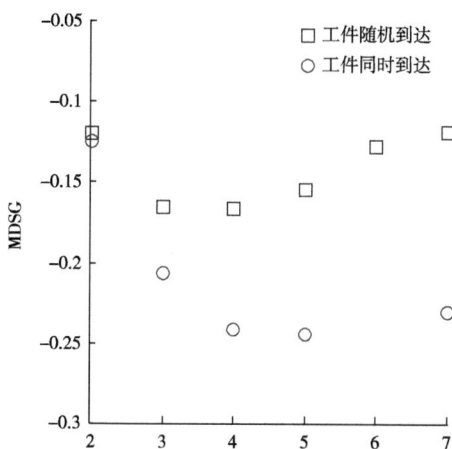

（f）并行机器数与MDSG

图 8.2　考虑机器故障和加工时间变动的 MDSG 散点图

　　按照 5.5.1 小节中介绍的方法，对于工件同时到达和工件随机到达两种场景，分别生成训练样本，并使用试误法确定 BPN 网络的最优神经元数。对于每一种场景，试误法首先建立多个具有不同数量神经元的 BPN 网络，然后使用相同的训练样本对它们进行训练和测试，均方误差最小的 BPN 将用于估计机器群组的 MDSG。图 8.3 描述了工件同时到达和工件随机到达两种场景下 BPN 的均方误差与隐藏层中神经元数量之间的关系。由图 8.3 可知，工件同时到达和工件随机到达两种场景下 BPN 的最优神经元数分别为 12 和 14。因此，扩展后的分群调度算法将使用具有最优神经元数的 BPN 对机器群组的 MDSG 进行预测。

　　3. 确定混合随机向量

　　图 8.2 中的散点图已表明 MDSG 与机器群组的平均故障率、MTTR 和 CPTV

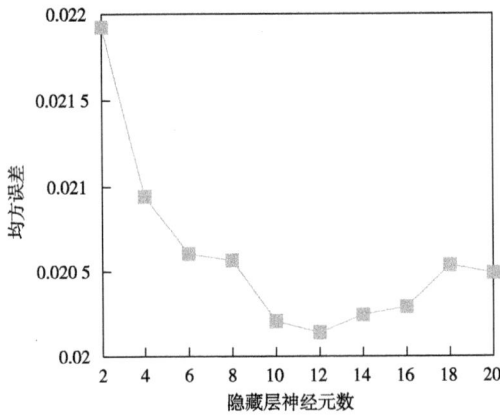

（a）工件同时到达

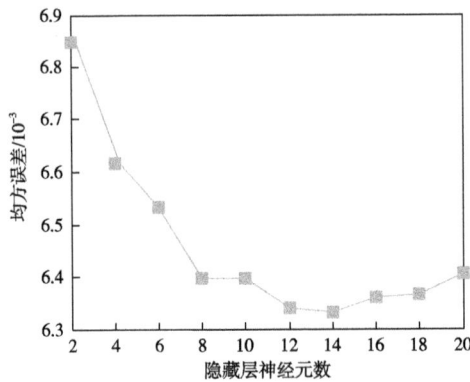

（b）工件随机到达

图 8.3　考虑机器故障和加工时间变动的 BPN 均方误差

之间存在线性关系。因此，扩展后的分群调度策略可使用式（8.2）描述 MDSG 与上述 3 个参数之间的关系。对于工件同时达到和随机到达两种场景，对训练样本数据分别进行多元回归分析。根据表 8.4 和表 8.5 的回归结果，可得到如下结论。

表 8.4　工件同时到达场景下多元线性回归结果

参数	参数估计值	置信区间（95%）
β_0	0.135	[0.118，0.151]
β_1	−1.866	[−2.000，−1.733]
β_2	−0.003	[−0.004，−0.003]
β_3	−0.401	[−0.414，−0.388]
$R^2 = 0.968$，$F = 1\ 461.709$，$P < 0.001$		

表 8.5　工件随机到达场景下多元线性回归结果

参数	参数估计值	置信区间 （95%）
β_0	0.044	[0.035, 0.052]
β_1	−1.012	[−1.080, −0.944]
β_2	−0.002	[−0.002, −0.001]
β_3	−0.207	[−0.214, −0.200]
	$R^2 = 0.969,\ F = 1\,525.515,\ P < 0.001$	

（1）两种场景下 BL、MTTR 和 CPTV 的回归系数均为负，说明当 BL、MTTR 和 CPTV 增大时，MDSG 将会变小，这与图 8.2 中的子图（a）、（b）和（c）是一致的。这意味着 BL、MTTR 和 CPTV 较大的机器群组的随机动态特性往往较高，从而使 GA 的优化性能变差，最终导致机器群组的 MDSG 变小。

（2）两种场景下回归模型的判定系数 $R^2 > 0.95$，说明在 MDSG 的变差中，能被 MDSG 与 BL、MTTR 和 CPTV 的多元线性回归方程所解释的比例高于 95%。

综上所述，工件同时到达和工件随机到达两种场景下的回归结果表明式（8.2）中的回归模型对样本数据的拟合程度较好。因此，表 8.4 中和表 8.5 中的 β_1、β_2 和 β_3 可作为混合随机特性 $\mathbf{HV}_k$ 中 BL_k、$MTTR_k$ 和 $CPTV_k$ 的权重。

4. 考虑权重的 CVI

与考虑单一不确定事件下的分群调度策略类似，在确定了混合随机向量 $\mathbf{HV}_k$ 的权重后，可以使用相邻 K-means 算法生成随机特性不同的机器群组。相邻 K-means 算法将采用 CVI 对聚类结果进行评价，以确定最佳的机器群组数。本节将分别考察经典 CVI（Dunn、DB、Vsv、DVI）和基于权重的 CVI（Wdunn、WDB、WVsv、WDVI）8 种 CVI 对相邻 K-means 算法聚类结果的评价效果，并从中选取最佳的 CVI。

在同时考虑机器故障和加工时间变动的情况下，表 8.6 给出了在相邻 K-means 算法中使用传统 CVI 和基于权重的 CVI 时的 R_{CVI}，对表 8.7 中的 27 个 FFSP 问题进行测试。R_{CVI} 为使用某一特定 CVI 和 Dunn 进行聚类结果评价时得到的平均 Makespan 的比值，其具体计算方法见式（6.13）。根据表 8.6 可得到以下结论：①将权重引入传统的 CVI 可提高分群调度算法的优化性能；②在四种基于权重的 CVI 中，使用 WDB 评价聚类结果时的 R_{CVI} 最小。因此，扩展后的分群调度算法将使用 WDB 对机器分组的结果进行评价。

表 8.6　考虑机器故障和加工时间变动的 CVI 性能比较

传统 CVI				基于权重的 CVI			
Dunn	DB	Vsv	DVI	WDunn	WDB	WVsv	WDVI
1.000	1.002	1.006	1.004	0.995	0.987	0.990	1.002

表 8.7 考虑机器故障和加工时间变动的 SPT、GA 和扩展的分群调度算法性能比较

工件数×机器数×工序数	SPT		GA		扩展的分群调度算法	
	BRE	ARE	BRE	ARE	BRE	ARE
20×6×2	4.54	5.75	9.41	11.82	0.12	0.23
20×6×3	3.46	4.39	13.26	17.14	0.11	0.24
20×6×4	3.59	4.51	9.15	11.16	0.14	0.18
20×10×2	4.11	5.24	10.53	13.28	0.10	0.19
20×10×3	2.45	3.13	11.50	14.18	0.17	0.25
20×10×4	2.36	3.02	13.72	17.19	0.26	0.32
20×15×2	3.75	4.72	9.53	11.51	0.22	0.27
20×15×3	3.31	4.11	14.51	18.10	0.31	0.42
20×15×4	2.58	3.26	13.79	16.87	0.18	0.37
30×6×2	1.98	2.52	7.82	9.82	0.19	0.29
30×6×3	4.05	5.15	10.02	12.39	0.25	0.35
30×6×4	3.67	4.32	11.64	14.78	0.37	0.53
30×10×2	2.65	3.25	9.73	11.81	0.18	0.28
30×10×3	2.42	3.03	16.09	20.23	0.35	0.51
30×10×4	1.88	2.32	18.77	22.87	0.30	0.43
30×15×2	2.98	3.81	11.32	14.25	0.28	0.47
30×15×3	2.23	2.73	15.96	19.64	0.23	0.39
30×15×4	2.04	2.58	19.58	24.30	0.45	0.65
40×6×2	3.05	3.85	10.17	12.54	0.18	0.32
40×6×3	4.21	5.25	17.74	22.15	0.21	0.28
40×6×4	2.42	3.13	14.28	17.79	0.46	0.62
40×10×2	3.68	4.67	9.84	12.28	0.29	0.39
40×10×3	2.62	3.35	16.31	20.48	0.46	0.63
40×10×4	1.63	2.04	18.02	22.31	0.28	0.41
40×15×2	2.45	3.12	13.74	15.60	0.31	0.48
40×15×3	2.10	2.62	17.12	21.07	0.46	0.65
40×15×4	2.36	2.96	19.32	25.15	0.39	0.53
均值	2.91	3.66	13.44	16.69	0.27	0.40

5. 算法性能分析

为了验证扩展后的分群调度策略的有效性,在同时考虑机器故障和加工时间变动的情况下,本节对 SPT、GA 和扩展后的分群调度算法的优化性能进行了比较。为了保证算法性能比较的公平性,GA 和扩展后的分群调度算法的关键参数取值完全相同,即种群规模 $P_s=400$,迭代次数 $T=400$,交叉概率 $P_c=0.7$,变异概率 $P_m=0.15$。本实验将对表 8.7 中的 27 个 FFSP 进行测试,对于每个 FFSP 使用 GA 和扩展后的

分群调度算法分别求解 20 次，以尽量避免这两种算法中的随机性带来的误差。

表 8.7 给出了各个算法的 BRE 和 ARE，相关定义如式（4.5）和式（4.6）所示。根据表 8.7 可以得到如下结论。

（1）在同时考虑机器故障和加工时间变动的情况下，SPT 的优化性能总体好于 GA。GA 较差的优化性能源于其使用右移重调度方法更新调度方案。尽管该方法的计算量很小，但是难以保证重调度的质量。

（2）对于所有的测试问题，扩展后的分群调度算法的 BRE 和 ARE 最小，说明其优化性能好于 SPT 和 GA。由于扩展后的分群调度算法结合了 SPT 和 GA 各自的优点，因此该算法是求解考虑机器故障和加工时间变动的 FFSP 的有效方法。

8.3　本　章　小　结

本章在同时考虑机器故障和加工时间变动的情况下，详细介绍了如何使用扩展后的分群调度策略求解 FFSP。分群调度策略具有良好的可扩展性，在多种不确定事件共存的生产环境下，需要对原有分群调度策略中的随机向量、不同工序并行机器的随机特性差异和 BPN 网络进行适当扩展。

为了验证扩展后的分群调度策略的有效性，本章通过对 27 个不同 FFSP 的实验测试，比较了扩展后的分群调度算法、GA 和 SPT 的优化性能。实验结果表明扩展后的分群调度算法具有较好的优化性能，这源于该算法能够根据生产环境中随机特性的大小动态选择优化调度算法，充分发挥了 GA 和 SPT 各自的优势。

参 考 文 献

[1] 李歧强，丁然，李晓磊. 流程工业生产调度优化方法. 北京：科学出版社，2010.

[2] 宋璐. 流程工业的不确定性生产调度研究. 浙江工业大学硕士学位论文，2006.

[3] 柴天佑，金以慧，任德祥. 基于三层结构的流程工业现代集成制造系统. 控制工程，2005，9（3）：1-6.

[4] 褚健，荣冈. 流程工业综合自动化技术. 北京：机械工业出版社，2004.

[5] Göthe-Lundgren M，Lundgren J T，Persson J A. An optimization model for refinery production scheduling. International Journal of Production Economics，2002，78（3）：255-270.

[6] Wu D，Ierapetritou M G. Decomposition approaches for the efficient solution of short-term scheduling problems. Computers & Chemical Engineering，2003，27（8）：1261-1276.

[7] Liao C J，Yu W C. Sequencing heuristics for dependent setups in a continuous process industry. Omega，1996，24（6）：649-659.

[8] Al-Khayyal F，Griffin P M，Smith N R. Solution of a large-scale two-stage decision and scheduling problem using decomposition. European Journal of Operational Research，2001，132（2）：453-465.

[9] 李艳君，吴铁军. 用于柔性流程工业生产调度的并行多目标遗传算法. 系统理论与实践，2001，21（6）：7-12，19.

[10] Moon S，Hrymak A N. Scheduling of the batch annealing process-deterministic case. Computers & Chemical Engineering，1999，23（9）：1193-1208.

[11] Murakami Y，Uchiyama H，Hasebe S，et al. Application of repetitive SA method to scheduling problems of chemical processes. Computers & Chemical Engineering，1997，21：S1087-S1092.

[12] Raaymakers W H，Hoogeveen J A. Scheduling multipurpose batch process industries with no-wait restrictions by simulated annealing. European Journal of Operational Research，2000，126（1）：131-151.

[13] Kuriyan K，Reklaitis G V. Scheduling network flowshops so as to minimize makespan. Computers & Chemical Engineering，1989，13（1）：187-200.

[14] 徐俊刚，戴国忠，王宏安. 生产调度理论和方法研究综述. 计算机研究与发展，2004，41（2）：257-267.

[15] 程蓉. 复杂生产环境下优化调度方法研究与系统实现. 华中科技大学博士学位论文，2006.

[16] 徐新黎. 生产调度问题的智能优化方法研究及应用. 浙江工业大学博士学位论文，2008.

[17] 刘烽. 基于多目标进化算法的流程工业生产调度问题研究. 国防科学技术大学硕士学位论文，2009.

[18] 王珂. 生产环境不确定条件下的生产调度优化. 山东大学硕士学位论文，2005.

[19] Harjunkoski I，Grossmann I E. A decomposition approach for the scheduling of a steel plant production. Computers & Chemical Engineering，2001，25（11）：1647-1660.

[20] Roslöf J，Harjunkoski I，Björkqvist J，et al. An MILP-based reordering algorithm for complex industrial scheduling and rescheduling. Computers & Chemical Engineering，2001，25（4）：

821-828.

[21] Ierapetritou M G, Floudas C A. Short-term scheduling: new mathematical models vs algorithmic improvements. Computers & Chemical Engineering, 1998, 22: S419-S426.

[22] Kudva G, Elkamel A, Pekny J F, et al. Heuristic algorithm for scheduling batch and semi-continuous plants with production deadlines, intermediate storage limitations and equipment changeover costs. Computers & Chemical Engineering, 1994, 18 (9): 859-875.

[23] Wu D, Ierapetritou M G. Decomposition approaches for the efficient solution of short-term scheduling problems. Computers & Chemical Engineering, 2003, 27 (8): 1261-1276.

[24] 王书婷. 基于遗传变邻域算法的置换流水车间调度问题研究. 华中科技大学硕士学位论文, 2013.

[25] Pan Q K, Tasgetiren M F, Suganthan P N, et al. A discrete artificial bee colony algorithm for the lot-streaming flow shop scheduling problem. Information Sciences, 2011, 181 (12): 2455-2468.

[26] Framinan J M, Gupta J N, Leisten R. A review and classification of heuristics for permutation flow-shop scheduling with makespan objective. Journal of the Operational Research Society, 2004, 55 (12): 1243-1255.

[27] Ruiz R, Maroto C. A comprehensive review and evaluation of permutation flowshop heuristics. European Journal of Operational Research, 2005, 165 (2): 479-494.

[28] Gupta J N, Stafford E F. Flowshop scheduling research after five decades. European Journal of Operational Research, 2006, 169 (3): 699-711.

[29] Selen W J, Hott D D. A mixed-integer goal-programming formulation of the standard flow-shop scheduling problem. Journal of the Operational Research Society, 1986, 37 (12): 1121-1128.

[30] Lageweg B J, Lenstra J K, Rinnooy Kan A H G. A general bounding scheme for the permutation flow-shop problem. Operations Research, 1978, 26 (1): 53-67.

[31] Carlier J, Rebaï I. Two branch and bound algorithms for the permutation flow shop problem. European Journal of Operational Research, 1996, 90 (2): 238-251.

[32] Haouari M, Ladhari T. A branch-and-bound-based local search method for the flow shop problem. Journal of the Operational Research Society, 2003, 54 (10): 1076-1084.

[33] Nawaz M, Enscore E E, Ham I. A heuristic algorithm for the m-machine, n-job flow-shop sequencing problem. Omega, 1983, 11 (1): 91-95.

[34] Kirkpatrick S. Optimization by simulated annealing: quantitative studies. Journal of Statistical Physics, 1984, 34 (5~6): 975-986.

[35] Osman I H, Potts C N. Simulated annealing for permutation flow-shop scheduling. Omega, 1989, 17 (6): 551-557.

[36] Glover F. Future paths for integer programming and links to artificial intelligence. Computers & Operations Research, 1986, 13 (5): 533-549.

[37] Nowicki E, Smutnicki C. A fast tabu search algorithm for the permutation flow-shop problem. European Journal of Operational Research, 1996, 91 (1): 160-175.

[38] Holland J H. Adaptation in Natural and Artificial Systems. Ann Arbor Mich: University of Michigan Press, 1975.

[39] Reeves C R. A genetic algorithm for flowshop sequencing. Computers & Operations Research, 1995, 22 (1): 5-13.

[40] Chen C L, Vempati V S, Aljaber N. An application of genetic algorithms for flow shop problems. European Journal of Operational Research, 1995, 80（2）: 389-396.

[41] Dorigo M, Maniezzo V, Colorni A. The ant system: optimization by a colony of cooperating agents. IEEE Transactions of Systems, Man, and Cybernetics,（Part B）, 1996.

[42] Rajendran C, Ziegler H. Ant-colony algorithms for permutation flowshop scheduling to minimize makespan/total flowtime of jobs. European Journal of Operational Research, 2004, 155（2）: 426-438.

[43] Ying K C, Liao C J. An ant colony system for permutation flow-shop sequencing. Computers & Operations Research, 2004, 31（5）: 791-801.

[44] 王笑蓉, 吴铁军. Flowshop 问题的蚁群优化调度方法. 系统工程理论与实践, 2003, 23（5）: 65-71.

[45] Poli R, Kennedy J, Blackwell T. Particle swarm optimization. Swarm Intelligence, 2007, 1（1）: 33-57.

[46] Tasgetiren M F, Liang Y C, Sevkli M, et al. A particle swarm optimization algorithm for makespan and total flowtime minimization in the permutation flowshop sequencing problem. European Journal of Operational Research, 2007, 177（3）: 1930-1947.

[47] Liu B, Wang L, Jin Y H. An effective PSO-based memetic algorithm for flow shop scheduling. IEEE Transactions on Systems, Man, and Cybernetics, 2007, 37（1）: 18-27.

[48] 王凌. 智能优化算法及其应用. 北京: 清华大学出版社, 2001.

[49] Onwubolu G, Davendra D. Scheduling flow shops using differential evolution algorithm. European Journal of Operational Research, 2006, 171（2）: 674-692.

[50] Jarboui B, Eddaly M, Siarry P. An estimation of distribution algorithm for minimizing the total flowtime in permutation flowshop scheduling problems. Computers & Operations Research, 2009, 36（9）: 2638-2646.

[51] Zhang Y, Li X. Estimation of distribution algorithm for permutation flow shops with total flowtime minimization. Computers & Industrial Engineering, 2011, 60（4）: 706-718.

[52] Ruiz R, Vázquez-Rodríguez J A. The hybrid flow shop scheduling problem. European Journal of Operational Research, 2010, 205（1）: 1-18.

[53] Ribas I, Leisten R, Framiñan J M. Review: review and classification of hybrid flow shop scheduling problems from a production system and a solutions procedure perspective. Computers and Operations Research, 2010, 37（8）: 1439-1454.

[54] Arthanari T S, Ramamurthy K G. An extension of two machines sequencing problem. Opsearch, 1971, 8（1）: 10-22.

[55] Santos D L, Hunsucker J L, Deal D E. Global lower bounds for flow shops with multiple processors. European Journal of Operational Research, 1995, 80（1）: 112-120.

[56] Néron E, Baptiste P, Gupta J N. Solving hybrid flow shop problem using energetic reasoning and global operations. Omega, 2001, 29（6）: 501-511.

[57] Carlier J, Néron E. An exact method for solving the multi-processor flow-shop. RAIRO-Operations Research, 2000, 34（1）: 1-25.

[58] Gupta J N. Two-stage, hybrid flowshop scheduling problem. Journal of the Operational Research Society, 1988, 39（4）: 359-364.

[59] Brah S A, Loo L L. Heuristics for scheduling in a flow shop with multiple processors. European Journal of Operational Research, 1999, 113 (1): 113-122.

[60] Ruiz R, Şerifoğlu F S, Urlings T. Modeling realistic hybrid flexible flowshop scheduling problems. Computers & Operations Research, 2008, 35 (4): 1151-1175.

[61] Ying K C, Lin S W. Scheduling multistage hybrid flowshops with multiprocessor tasks by an effective heuristic. International Journal of Production Research, 2009, 47 (13): 3525-3538.

[62] Engin O, Döyen A. A new approach to solve hybrid flow shop scheduling problems by artificial immune system. Future Generation Computer Systems, 2004, 20 (6): 1083-1095.

[63] Alaykýran K, Engin O, Döyen A. Using ant colony optimization to solve hybrid flow shop scheduling problems. The International Journal of Advanced Manufacturing Technology, 2007, 35 (5~6): 541-550.

[64] Niu Q, Zhou T, Ma S. A quantum-inspired immune algorithm for hybrid flow shop with makespan riterion. Journal of Universal Computer Science, 2009, 15 (4): 765-785.

[65] Liao C J, Tjandradjaja E, Chung T P. An approach using particle swarm optimization and bottleneck heuristic to solve hybrid flow shop scheduling problem. Applied Soft Computing, 2012, 12 (6): 1755-1764.

[66] Zimmermann H J. An application-oriented view of modeling uncertainty. European Journal of Operational Research, 2000, 122 (2): 190-198.

[67] McKay K N, Buzacott J A, Safayeni F R. The scheduler's knowledge of uncertainty: the missing link//Browne J. Knowledge Based Production Management Systems. Amsterdam: Elsevier, 1989: 171-189.

[68] Vieira G E, Herrmann J W, Lin E. Rescheduling manufacturing systems: a framework of strategies, policies, and methods. Journal of Scheduling, 2003, 6 (1): 39-62.

[69] Gholami M, Zandieh M. Integrating simulation and genetic algorithm to schedule a dynamic flexible job shop. Journal of Intelligent Manufacturing, 2009, 20 (4): 481-498.

[70] Ouelhadj D, Petrovic S. A survey of dynamic scheduling in manufacturing systems. Journal of Scheduling, 2009, 12 (4): 417-431.

[71] 吴波. 车间生产调度性能评价理论及其应用. 武汉理工大学博士学位论文, 2008.

[72] Teixidor A B. Proactive management of uncertainty to improve scheduling robustness in proces industries. Universitat Politècnica de Catalunya, 2007.

[73] Jones C H. An economic evaluation of job shop dispatching rules. Management Science, 1973, 20 (3): 293-307.

[74] Panwalkar S S, Iskander W. A survey of scheduling rules. Operations Research, 1977, 25 (1): 45-61.

[75] Wu S Y D. Expert-system approach for the control and scheduling of flexible manufacturing cells. The Pennsylvania State University, 1987.

[76] Rajendran C, Holthaus O. A comparative study of dispatching rules in dynamic flowshops and jobshops. European Journal of Operational Research, 1999, 116 (1): 156-170.

[77] 汤健超. 基于混合进化算法的若干调度问题研究. 华南理工大学博士学位论文, 2012.

[78] 汪浩祥, 严洪森, 汪峥. 知识化制造环境中基于双层 Q 学习的航空发动机自适应装配调度. 计算机集成制造系统, 2014, 20 (12): 3000-3010.

[79] Andres C, Gomez P, Garcia-Sabater J P. Comparing dispatching rules in dynamic hybrid flow shops. Proceedings of 2006 IEEE International Conference on Emerging Technologies and Factory Automation, September 20-22, 2006, Prague, Czech Republic.

[80] Kianfar K, Ghomi S F, Karimi B. New dispatching rules to minimize rejection and tardiness costs in a dynamic flexible flow shop. The International Journal of Advanced Manufacturing Technology, 2009, 45（7~8）: 759-771.

[81] Kia H R, Davoudpour H, Zandieh M. Scheduling a dynamic flexible flow line with sequence-dependent setup times: a simulation analysis. International Journal of Production Research, 2010, 48（14）: 4019-4042.

[82] Duenas A, Petrovic D, Petrovic S. Analysis of Performance of Fuzzy Logic-Based Production Scheduling by Simulation. MICAI 2005: Advances in Artificial Intelligence, 2005: 234-243.

[83] Lipi T F, Hasin M A A, Noor-E-Alam M D. Reliability centered multi objective hybrid flow shop scheduling. Asia-Pacific Journal of Operational Research, 2009, 26（5）: 637-653.

[84] Min H S, Yih Y. Selection of dispatching rules on multiple dispatching decision points in real-time scheduling of a semiconductor wafer fabrication system. International Journal of Production Research, 2003, 41（16）: 3921-3941.

[85] Tang L, Liu W, Liu J. A neural network model and algorithm for the hybrid flow shop scheduling problem in a dynamic environment. Journal of Intelligent Manufacturing, 2005, 16(3): 361-370.

[86] Priore P, de la Fuente D, Puente J, et al. A comparison of machine-learning algorithms for dynamic scheduling of flexible manufacturing systems. Engineering Applications of Artificial Intelligence, 2006, 19（3）: 247-255.

[87] Jeong K C, Kim Y D. A real-time scheduling mechanism for a flexible manufacturing system: using simulation and dispatching rules. International Journal of Production Research, 1998, 36（9）: 2609-2626.

[88] Kutanoglu E, Sabuncuoglu I. Experimental investigation of iterative simulation-based scheduling in a dynamic and stochastic job shop. Journal of Manufacturing Systems, 2001, 20(4): 264-279.

[89] Chan F T S, Chan H K, Lau H C W, et al. Analysis of dynamic dispatching rules for a flexible manufacturing system. Journal of Materials Processing Technology, 2003, 138(1~3): 325-331.

[90] 张晴, 饶运清. 车间动态调度方法研究. 机械制造, 2003, 41（461）: 39-41.

[91] Nejad H T N, Sugimura N, Iwamura K. Agent-based dynamic integrated process planning and scheduling in flexible manufacturing systems. International Journal of Production Research, 2011, 49（5）: 1373-1389.

[92] Kouiss K, Pierreval H, Mebarki N. Using multi-agent architecture in FMS for dynamic scheduling. Journal of Intelligent Manufacturing, 1997, 8（1）: 41-47.

[93] Ouelhadj D, Hanachi C, Bouzouia B. Multi-agent system for dynamic scheduling and control in manufacturing cells. In Proceedings of the IEEE international conference on robotics and automation, 1998.

[94] Wu Z, Weng M X. Multiagent scheduling method with earliness and tardiness objectives in flexible job shops. Systems, Man, and Cybernetics, Part B: Cybernetics, IEEE Transactions on, 2005, 35（2）: 293-301.

[95] 王国磊, 林琳, 钟诗胜. 基于模糊聚类的 Q-学习在动态调度中的应用. 计算机集成制造系

统，2009，15（4）：751-757.

[96] 马鑫，梁艳春. 基于 GPGP 协同机制的多 Agent 车间调度方法研究. 计算机研究与发展，2008，45（3）：479-486.

[97] 牟文恒，吕志民，唐荻. 多代理机制在炼钢连铸排程中的应用研究. 钢铁，2006，41（5）：29-32.

[98] Xiang W, Lee H P. Ant colony intelligence in multi-agent dynamic manufacturing scheduling. Engineering Applications of Artificial Intelligence，2008，21（1）：73-85.

[99] Conry S E, Meyer R A, Lesser V R. Multistage negotiation in distributed planning. Readings in Distributed Artificial Intelligence，1988，8：367-384.

[100] 刘大有，钟绍春，陈建中. 一种改进的合同网协商模型. 第三届中国人工智能联合学术会议论文集，北京，1994.

[101] 高阳，周伟. 基于多智能体协商的虚拟企业调度研究. 制造业自动化，2004，26（4）：13-17.

[102] 张海俊，史忠植. 动态合同网协议计. 计算机工程，2004，11：44-46.

[103] Shin M, Jung M. MANPro：mobile agent-based negotiation process for distributed intelligent manufacturing. International Journal of Production Research，2004，42（2）：303-320.

[104] Ouelhadj D, Hanachi C, Bouzouia B, et al. A multi-contract net protocol for dynamic scheduling in flexible manufacturing systems FMS，Proceedings of the IEEE International Conference on Robotics and Automation，Detroit，USA，1999：1114-1120.

[105] Lau J S K, Huang G Q, Mak H K L, et al. Agent-based modeling of supply chains for distributed scheduling. IEEE Transactions on Systems，Man and Cybernetics，Part A：Systems & Humans，2006，36（5）：847-861.

[106] Wong T N, Leung C W, Mak K L, et al. Integrated process planning and scheduling/rescheduling—an agent-based approach. International Journal of Production Research，2006，44（18）：3627-3655.

[107] Shen W. Distributed manufacturing scheduling using intelligent agents. IEEE Intelligent Systems and Their Applications，2002，17（1）：88-94.

[108] 徐新黎，郝平，王万良. 多 Agent 动态调度方法在染色车间调度中的应用. 计算机集成制造系统，2010，16（3）：611-620.

[109] Rajabinasab A, Mansour S. Dynamic flexible job shop scheduling with alternative process plans：an agent-based approach. International Journal of Advanced Manufacturing Technology，2011，54（9-12）：1091-1107.

[110] Valckenaers P, Kollingbaum M, van Brussel H. Multi-agent coordination and control using stigmergy. Computers in Industry，2004，53（1）：75-96.

[111] Mehta S V, Uzsoy R. Predictable scheduling of a job shop subject to breakdowns. IEEE Transactions on Robotics and Automation，1998，14（3）：365-378.

[112] Mehta S V. Predictable scheduling of a single machine subject to breakdowns. International Journal of Computer Integrated Manufacturing，1999，12（1）：15-38.

[113] Davenport A J, Gefflot C, Beck J C. Slack-based techniques for robust schedules. Proceedings of Sixth European Conference on Planning，2001.

[114] Liu L, Gu H Y, Xi Y G. Robust and stable scheduling of a single machine with random machine breakdowns. The International Journal of Advanced Manufacturing Technology，2007，31（7~8）：

645-654.

[115] Al-Hinai N, ElMekkawy T Y. Robust and stable flexible job shop scheduling with random machine breakdowns using a hybrid genetic algorithm. International Journal of Production Economics, 2011, 132（2）: 279-291.

[116] Shapiro A. Simulation based optimization. Proceedings of the 28th conference on winter simulation. IEEE Computer Society, 1996.

[117] Allaoui H, Artiba A. Integrating simulation and optimization to schedule a hybrid flow shop with maintenance constraints. Computers & Industrial Engineering, 2004, 47（4）: 431-450.

[118] Gholami M, Zandieh M. Integrating simulation and genetic algorithm to schedule a dynamic flexible job shop. Journal of Intelligent Manufacturing, 2009, 20（4）: 481-498.

[119] Zandieh M, Gholami M. An immune algorithm for scheduling a hybrid flow shop with sequence-dependent setup times and machines with random breakdowns. International Journal of Production Research, 2009, 47（24）: 6999-7027.

[120] Ahmadizar F, Ghazanfari M, Ghomi S M T F. Group shops scheduling with makespan criterion subject to random release dates and processing times. Computers & Operations Research, 2010, 37（1）: 152-162.

[121] Wang L, Zhang L, Zheng D Z. A class of hypothesis-test-based genetic algorithms for flow shop scheduling with stochastic processing time. The International Journal of Advanced Manufacturing Technology, 2005, 25（11）: 1157-1163.

[122] Wang L, Zhang L, Zheng D Z. Genetic ordinal optimisation for stochastic flow shop scheduling. The International Journal of Advanced Manufacturing Technology, 2005, 27（1）: 166-173.

[123] Gholami M, Zandieh M, Alem-Tabriz A. Scheduling hybrid flow shop with sequence-dependent setup times and machines with random breakdowns. The International Journal of Advanced Manufacturing Technology, 2009, 42（1）: 189-201.

[124] Dugardin F, Yalaoui F, Amodeo L. New multi-objective method to solve reentrant hybrid flow shop scheduling problem. European Journal of Operational Research, 2010, 203（1）: 22-31.

[125] Church L K, Uzsoy R. Analysis of periodic and event-driven rescheduling policies in dynamic shops. International Journal of Computer Integrated Manufacturing, 1992, 5（3）: 153-163.

[126] Sabuncuoglu I, Bayiz M. Analysis of reactive scheduling problems in a job shop environment. European Journal of Operational Research, 2000, 126（3）: 567-586.

[127] Vieira G E, Herrmann J W, Lin E. Rescheduling manufacturing systems: a framework of strategies, policies, and methods. Journal of Scheduling, 2003, 6（1）: 39-62.

[128] 刘明周, 单晖, 蒋增强. 不确定条件下车间动态重调度优化方法. 机械工程学报, 2009, 45（10）: 137-142.

[129] Vieira G E, Herrmann J W, Lin E. Predicting the performance of rescheduling strategies for parallel machine systems. Journal of Manufacturing Systems, 2000, 19（4）: 256-266.

[130] Suwa H. A new when-to-schedule policy in online scheduling based on cumulative task delays. International Journal of Production Economics, 2007, 110（1~2）: 175-186.

[131] Bierwirth C, Mattfeld D C. Production scheduling and rescheduling with genetic algorithms. Evolutionary Computation, 1999, 7（1）: 1-17.

[132] Akturk M S, Gorgulu E. Match-up scheduling under a machine breakdown. European Journal of

Operational Research，1999，112（1）：81-97.

[133] Caricato P，Grieco A. An online approach to dynamic rescheduling for production planning applications. International Journal of Production Research，2008，46（16）：4597-4617.

[134] Abumaizar R J，Svestka J A. Rescheduling job shops under random disruptions. International Journal of Production Research，1997，35（7）：2065-2082.

[135] Mason S J，Jin S，Wessels C M. Rescheduling strategies for minimizing total weighted tardiness in complex job shops. International Journal of Production Research，2004，42（3）：613-628.

[136] 刘亚净，赵奇楠，王建军. 置换流水车间新工件到达干扰管理研究. 石家庄铁道大学学报（自然科学版），2016，29（1）：86-92.

[137] 王建军，刘亚净，刘锋，等. 考虑行为主体的置换流水车间干扰管理研究. 系统工程理论与实践，2015，（12）：3092-3106.

[138] Itayef A B，Loukil T，Teghem J. Rescheduling a permutation flowshop problems under the arrival a new set of jobs. Proceedings of 2009 International Conference on Computers and Industrial Engineering，Troyes，France，2009.

[139] 王晓明. 不确定环境下流水车间的混合模式鲁棒调度方法. 山东大学硕士学位论文，2011.

[140] Liu Q，Ullah S，Zhang C. An improved genetic algorithm for robust permutation flowshop scheduling. The International Journal of Advanced Manufacturing Technology，2011，56（1~4）：345-354.

[141] Pinedo M. Minimizing the expected makespan in stochastic flow shops. Operations Research，1982，30（1）：148-162.

[142] Kasperski A，Kurpisz A，Zieliński P. Approximating a two-machine flow shop scheduling under discrete scenario uncertainty. European Journal of Operational Research，2012，217（1）：36-43.

[143] Averbakh I. The minmax regret permutation flow-shop problem with two jobs. European Journal of Operational Research，2006，169（3）：761-766.

[144] Wang B，Wang X. Partial rescheduling for permutation flow-shop scheduling subject to a machine breakdown. Proceedings of 8th Asian Control Conference，Kaohsiung，Taiwan，2011.

[145] 唐海波，叶春明，刘长平，等. 基于知识进化粒子群算法的模糊交货期流水车间调度问题. 计算机集成制造系统，2012，18（4）：807-812.

[146] Li S，Zhu Y. Stochastic flow shop scheduling with random machine breakdowns. Complexity Analysis and Control for Social，Economical and Biological Systems，2003.

[147] Katragjini K，Vallada E，Ruiz R. Flow shop rescheduling under different types of disruption. International Journal of Production Research，2013，51（3）：780-797.

[148] 赵新. 基于排队网的拉式作业调度系统建模与仿真. 沈阳工业大学硕士学位论文，2016.

[149] 耿兆强，邹益仁. 用遗传算法解决一类模糊流水车间调度问题. 系统工程与电子技术，2002，24（6）：5-7.

[150] Wong W K，Leung S Y S，Au K F. Real-time GA-based rescheduling approach for the pre-sewing stage of an apparel manufacturing process. The International Journal of Advanced Manufacturing Technology，2005，25（1）：180-188.

[151] Allaoui H，Lamouri S，Lebbar M. A robustness framework for a stochastic hybrid flow shop to minimize the makespan. Proceedings of 2006 IEEE International Conference on Services Systems and Services Management，Troyes，France，2006.

[152] Pang X, Yu S, Zheng B, et al. Complete modification rescheduling method and its application for steelmaking and continuous casting. Proceedings of the 17th IFAC World Congress, COEX, South Korea, 2008.

[153] Hong T P, Wang T T. Fuzzy flexible flow shops at two machine centers for continuous fuzzy domains. Information Sciences, 2000, 129（1）: 227-237.

[154] Alisantoso D, Khoo L P, Jiang P Y. An immune algorithm approach to the scheduling of a flexible PCB flow shop. The International Journal of Advanced Manufacturing Technology, 2003, 22（11）: 819-827.

[155] Fakhrzad M B, Heydari M. Flexible flow-lines model at m machine centers with fuzzy total costs. Journal of Applied Science, 2008, 8（11）: 2059-2066.

[156] Jong D, Alan K. Analysis of the Behavior of a Class of Genetic Adaptive Systems. Dept. Computer and Communication Sciences, Ann Arbor: University of Michigan, 1975.

[157] Rudolph G. Convergence properties of canonical genetic algorithms. IEEE Trans. Neural Networks, 2006, 5: 96-101.

[158] He J, Kang L. On the convergence rates of genetic algorithms. Theoretical Computer Science, 1999, 229（1）: 23-39.

[159] Michalewicz Z, Hartley S J. Genetic algorithms+ data structures= evolution programs. Mathematical Intelligencer, 1996, 18（3）: 71.

[160] 徐宗本, 聂赞坎, 张文修. 遗传算法的几乎必然强收敛性—鞅方法. 计算机学报, 2002, 25（8）: 785-793.

[161] Murata T, Ishibuchi H, Tanaka H. Genetic algorithms for flowshop scheduling problems. Computers & Industrial Engineering, 1996, 30（4）: 1061-1071.

[162] Iyer S K, Saxena B. Improved genetic algorithm for the permutation flowshop scheduling problem. Computers & Operations Research, 2004, 31（4）: 593-606.

[163] Nagano M S, Ruiz R, Lorena L A N. A constructive genetic algorithm for permutation flowshop scheduling. Computers & Industrial Engineering, 2008, 55（1）: 195-207.

[164] Zhang Y, Li X, Wang Q. Hybrid genetic algorithm for permutation flowshop scheduling problems with total flowtime minimization. European Journal of Operational Research, 2009, 196（3）: 869-876.

[165] 何小娟. 分布估计算法及其在生产调度问题中的应用研究. 兰州理工大学博士学位论文, 2011.

[166] Baluja S. Population-based incremental learning: a method for integrating genetic search based function optimization and competitive learning. University of Pittsburgh, 1994.

[167] Mühlenbein H, Bendisch J, Voigt H M. From recombination of genes to the estimation of distributions II. Continuous parameters. Volume 1141 of the Series Lecture Notes in Computer Science. Springer Berlin Heidelberg, 1996.

[168] Mühlenbein H, Paass G. From recombination of genes to the estimation of distributions I. Binary parameters. Volume 1141 of the Series Lecture Notes in Computer Science. Springer Berlin Heidelberg, 1996.

[169] Harik G R, Lobo F G, Goldberg D E. The compact genetic algorithm. IEEE Transactions on Evolutionary Computation, 1999, 3（4）: 287-297.

[170] de Bonet J S, Isbell C L, Viola P. MIMIC: Finding optima by estimating probability densities. Advances in Neural Information Processing Systems, 1997.

[171] Baluja S, Davies S. Using Optimal Dependency-Trees for Combinatorial Optimization: Learning the Structure of the Search Space. Carnegie-Mellon Univ Pittsburgh Pa Dept of Computer Science, 1997.

[172] Pelikan M, Mühlenbein H. The bivariate marginal distribution algorithm. In Advances in Soft Computing. Springer London, 1999.

[173] Harik G. Linkage learning via probabilistic modeling in the ECGA.Urbana, 1999, 51(61): 801.

[174] Mühlenbein H, Mahnig T. FDA-A scalable evolutionary algorithm for the optimization of additively decomposed functions. Evolutionary Computation, 1999, 7 (4): 353-376.

[175] Pelikan M. Hierarchical Bayesian optimization algorithm. Hierarchical Bayesian Optimization Algorithm. Springer Berlin Heidelberg, 2005.

[176] Hiihfeld M, Rudolph G. Towards theory of population-based incremental learning. IEEE Conference on Evolutionary Computation, 1997.

[177] Lozano J A. Analyzing the population based incremental learning algorithm by means of discrete dynamical systems. Complex Systems, 2000, 1: 465-479.

[178] Rastegar R, Meybodi M R. A study on the global convergence time complexity of estimation of distribution algorithms. International Workshop on Rough Sets, Fuzzy Sets, Data Mining, and Granular-Soft Computing. Springer Berlin Heidelberg, 2005.

[179] Mühlenbein H. The equation for response to selection and its use for prediction. Evolutionary Computation, 1997, 5 (3): 303-346.

[180] Shapiro J L. Drift and scaling in estimation of distribution algorithms. Evolutionary Computation, 2005, 13 (1): 99-123.

[181] Mühlenbein H, Mahnig T. Convergence theory and applications of the factorized distribution algorithm. Journal of Computing and Information Theory, 1999, 7 (1): 19-32.

[182] Zhang Q, Mühlenbein H. On the convergence of a class of estimation of distribution algorithms. IEEE Transactions on Evolutionary Computation, 2004, 8 (2): 127-136.

[183] Wu Y, Wang Y, Liu X. An analysis of estimation of distribution algorithms with finite population models. In Third International Conference on Natural Computation ICNC 2007, 2007.

[184] Gao Y, Culberson J. Space complexity of estimation of distribution algorithms. Evolutionary Computation, 2005, 13 (1): 125-143.

[185] Chen T, Tang K, Chen G, et al. Analysis of computational time of simple estimation of distribution algorithms. IEEE Transactions on Evolutionary Computation, 2010, 14 (1): 1-22.

[186] Chen S H, Chen M C, Chang P C, et al. Guidelines for developing effective estimation of distribution algorithms in solving single machine scheduling problems. Expert Systems with Applications, 2010, 37 (9): 6441-6451.

[187] Chang P C, Hsieh J C, Chen S H, et al. Artificial chromosomes embedded in genetic algorithm for a chip resistor scheduling problem in minimizing the makespan. Expert Systems with Applications, 2009, 36 (3): 7135-7141.

[188] Gamez J A, Mateo J L, Puerta J M. Avoiding premature convergence in estimation of distribution algorithms. Proceedings of 2009 IEEE Congress on Evolutionary Computation,

Trondheim，Norway，2009.

[189] Handa H. The effectiveness of mutation operation in the case of estimation of distribution algorithms. Biosystems, 2007, 87（2）: 243-251.

[190] 程玉虎，王雪松，郝名林. 一种多样性保持的分布估计算法. 电子学报，2010，38（3）: 591-597.

[191] Santana R，Larrañaga P，Lozano J A. Learning factorizations in estimation of distribution algorithms using affinity propagation. Evolutionary Computation, 2010, 18（4）: 515-546.

[192] Peng X，Gao X，Yang S. Environment identification-based memory scheme for estimation of distribution algorithms in dynamic environments. Soft Computing, 2011, 15（2）: 311-326.

[193] Li H，Hong Y，Kwong S. Subspace estimation of distribution algorithms: to perturb part of all variables in estimation of distribution algorithms. Applied Soft Computing, 2011, 11（3）: 2974-2989.

[194] Dong W，Yao X. Unified eigen analysis on multivariate Gaussian based estimation of distribution algorithms. Information Sciences, 2008, 178（15）: 3000-3023.

[195] Ding N，Zhou S D，Sun Z Q. Histogram-based estimation of distribution algorithm: a competent method for continuous optimization. Journal of Computer Science and Technology, 2008, 23（1）: 35-43.

[196] Zhong J H，Zhang J，Fan Z. MP-EDA: a robust estimation of distribution algorithm with multiple probabilistic models for global continuous optimization. Proceedings of Asia-Pacific Conference on Simulated Evolution and Learning. Springer Berlin Heidelberg, 2010.

[197] Zhang J H，Zeng J C. Estimation of distribution algorithm based on sequential importance sampling particle filters. Acta Electronica Sinica, 2010, 38（12）: 2929-2932.

[198] Wang L F，Zeng J C. Estimation of distribution algorithm based on copula theory. In Exploitation of linkage learning in evolutionary algorithms. Springer Berlin Heidelberg, 2010.

[199] Zhou A，Zhang Q，Jin Y，et al. A model-based evolutionary algorithm for bi-objective optimization. IEEE Congress on Evolutionary Computation, 2005.

[200] Zhou Y L，Jia-hai W，Yin J. A discrete particle swarm optimization algorithm based on estimation of distribution. Acta Electronica Sinica, 2008, 36（6）: 1242-1248.

[201] Liu H，Gao L，Pan Q. A hybrid particle swarm optimization with estimation of distribution algorithm for solving permutation flowshop scheduling problem. Expert Systems with Applications, 2011, 38（4）: 4348-4360.

[202] Miquélez T，Bengoetxea E，Mendiburu A，et al. Combining Bayesian classifiers and estimation of distribution algorithms for optimization in continuous domains. Connection Science, 2007, 19（4）: 297-319.

[203] 谭立湘，郭立. 基于全面学习的量子分布估计算法. 模式识别与人工智能，2010，23（3）: 314-319.

[204] Tzeng Y R，Chen C L，Chen C L. A hybrid EDA with ACS for solving permutation flow shop scheduling. The International Journal of Advanced Manufacturing Technology, 2012, 60（9~12）: 1139-1147.

[205] Lee L H，Chew E P，Manikam P. A general framework on the simulation-based optimization under fixed computing budget. European Journal of Operational Research, 2006, 174（3）:

1828-1841.

[206] Horng S C, Lin S S, Yang F Y. Evolutionary algorithm for stochastic job shop scheduling with random processing time. Expert Systems with Applications, 2012, 39（3）: 3603-3610.

[207] Pena J M, Robles V, Larranaga P, et al. GA-EDA: hybrid evolutionary algorithm using genetic and estimation of distribution algorithms. Innovations in Applied Artificial Intelligence. Springer Berlin Heidelberg, 2004.

[208] Kim K, Yun Y, Yoon J, et al. Hybrid genetic algorithm with adaptive abilities for resource-constrained multiple project scheduling. Computers in Industry, 2005, 56（2）: 143-160.

[209] Chan F T, Prakash A, Mishra N. Priority-based scheduling in flexible system using AIS with FLC approach. International Journal of Production Research, 2013, 51（16）: 4880-4895.

[210] 王圣尧, 王凌, 许烨, 等. 求解混合流水车间调度问题的分布估计算法. 自动化学报, 2012, 38（3）: 437-443.

[211] Zadeh L A. The concept of a linguistic variable and its application to approximate reasoning—I. Information Sciences, 1975, 8（3）: 199-249.

[212] Mamdani E H. Application of fuzzy algorithms for control of simple dynamic plant. Proceedings of the Institution of Electrical Engineers, 1974, 121（12）: 1585-1588.

[213] Kim M, Ramakrishna R S. New indices for cluster validity assessment. Pattern Recognition Letters, 2005, 26（15）: 2353-2363.

[214] Dunn J C. Fuzzy relative of the ISODATA process and its use in detecting compact well-separated clusters. Journal of Cybernetics, 1973, 3（3）: 32-57.

[215] Davies D L, Bouldin D W. A cluster separation measure. IEEE Transactions on Pattern Analysis and Machine Intelligence, 1997, 1（4）: 224-227.

[216] Kim D J, Park Y W, Park D J. A novel validity index for determination of the optimal number of clusters. IEICE Transactions on Information and Systems, 2001, E84-D（2）: 281-285.

[217] Shen J, Chang S I, Lee E S, et al. Determination of cluster number in clustering microarray data. Applied Mathematics and Computation, 2005, 169（2）: 1172-1185.

英文缩写对照表

ACO	ant colony optimization
AIS	artificial immune system
ANN	artificial neural network
ANOVA	analysis of variance
ARE	average relative error
BL	breakdown level
BMDA	bivariate marginal distribution algorithm
BOA	Bayesian optimization algorithm
BPN	back propagation network
BRE	best relative error
CBR	case-based reasoning
CGA	compact genetic algorithm
CNP	contract net protocol
CPTV	coefficient of processing time variation
CVI	cluster validity index
DE	differential evolution
DSN	difference of stochastic nature
ECGA	extended compact genetic algorithm
EDA	estimation of distribution algorithm
EDD	earliest due date
FCFS	first come first serve
FDA	factorized distribution algorithm
FFSP	flexible flowshop scheduling problem
FLC	fuzzy logic control
GA	genetic algorithm
GPGP	generalized partial global planning
HFSP	hybrid flowshop scheduling problem
LIR	low-impact rescheduling

LOX	linear order crossover
LPT	longest processing time
LWKR	least work remaining
MDSG	makespan difference between SPT and GA
MSE	mean square error
MTBF	mean time between failure
MTTR	mean time to repair
MWKR	most work remaining
OPX	order preserved crossover
OX	order crossover
PBIL	population based incremental learning
PFSP	permutation flowshop scheduling problem
PMX	partially mapped crossover
PSO	particle swarm optimization
PX	position-based crossover
RSR	right-shift rescheduling
SA	simulated annealing
SAA	sample average approximation
SBO	simulation based optimization
SOM	self-organizing map
SPT	shortest processing time
TS	tabu search
VNS	variable neighbour search
WSPT	weighted shortest processing time